Catequista

Anunciador da alegria e da
esperança do Evangelho

Dados Internacionais de Catalogação na Publicação (CIP)
(Câmara Brasileira do Livro, SP, Brasil)

Carvalho, Humberto Robson de
  Catequista: anunciador da alegria e da esperança do Evangelho / Humberto Robson de Carvalho, Sérgio Esteban González Martínez. – Petrópolis, RJ: Vozes, 2025.

  ISBN 978-85-326-7049-6

  1. Catequese – Igreja Católica – Ensino bíblico
  2. Catequistas – Educação 3. Catequistas – Formação
  4. Educação religiosa 5. Evangelização – Igreja Católica
  I. González Martínez, Sérgio Esteban. II. Título.

24-239429   CDD-268.3

Índices para catálogo sistemático:

1. Catequistas: Formação: Educação religiosa: Cristianismo   268.3

Eliete Marques da Silva – Bibliotecária – CRB-8/9380

Humberto Robson de Carvalho | Sergio Esteban González Martínez

Catequista

Anunciador da alegria e da esperança do Evangelho

EDITORA VOZES

Petrópolis

© 2025, Editora Vozes Ltda.
Rua Frei Luís, 100
25689-900 Petrópolis, RJ, Brasil
www.vozes.com.br

Todos os direitos reservados. Nenhuma parte desta obra poderá ser reproduzida ou transmitida por qualquer forma e/ou quaisquer meios (eletrônico ou mecânico, incluindo fotocópia e gravação) ou arquivada em qualquer sistema ou banco de dados sem permissão escrita da editora.

CONSELHO EDITORIAL

Diretor
Volney J. Berkenbrock

Editores
Aline dos Santos Carneiro
Edrian Josué Pasini
Marilac Loraine Oleniki
Welder Lancieri Marchini

Conselheiros
Elói Dionísio Piva
Francisco Morás
Gilberto Gonçalves Garcia
Ludovico Garmus
Teobaldo Heidemann

Secretário executivo
Leonardo A.R.T. dos Santos

PRODUÇÃO EDITORIAL

Aline L.R. de Barros
Jailson Scota
Marcelo Telles
Mirela de Oliveira
Natália França
Otaviano M. Cunha
Priscilla A.F. Alves
Rafael de Oliveira
Samuel Rezende
Vanessa Luz
Verônica M. Guedes

Diagramação: Ana Maria Oleniki
Revisão gráfica: Alessandra Karl
Capa: Nathália Figueiredo
Ilustração de capa: Romolo Picoli Ronchetti

ISBN 978-85-326-7049-6

Este livro foi composto e impresso pela Editora Vozes Ltda.

Agradecimentos

Antonio Wardison C. Silva

Caio Henrique Esponton

Pe. Jair Marques de Araujo

Marlene Maria Silva

In memoriam

Alfredo Maria Carvalho

Anna Nilza Trombella Barros

Antônio Honório de Carvalho

Pe. Cézar Teixeira

Dom Claudio Hummes

Pe. Gaetano Tarquizio Bonomi

Heloisa Helena Araújo Campos

Pe. Ivan Roberto Danhoni

Dom Joaquim Justino Carreira

Dom Joel Ivo Catapan

Pe. Marco Jacob Silva

Mercedes Spada

Dom Paulo Evaristo Arns

Pe. Reinaldo Emílio

Waldyr Antônio Barros

Sumário

1. **Jesus Cristo e a Igreja: Fundamentos da catequese, da evangelização e da missão, 15**

   1.1 Jesus Cristo, centro e modelo de evangelizador, 17

   1.2 Catequista, chamado ao seguimento de Jesus Cristo, 22

   1.3 Igreja, lugar teológico da evangelização e da missão, 26

   1.4 Catequista, "testemunha da fé e guardião da memória de Deus", 29

2. **O Espírito Santo: Alma da Igreja, animador e motivador da evangelização e da missão, 35**

   2.1 O Espírito Santo na vida e na ação da Igreja, 37

   2.2 Catequista, animado pelo Espírito Santo para evangelizar, 41

   2.3 Catequista, referência de comunhão e participação na comunidade paroquial, 45

   2.4 Catequista, anunciador da alegria e da esperança, 50

3. **A pedagogia divina no processo de evangelização e na missão, 55**

   3.1 Catequista, mestre e mistagogo a serviço da catequese e da liturgia, 57

   3.2 Catequista, comprometido com a ética cristã, 62

   3.3 Catequista, interpelado pelos desafios das culturas urbanas, 66

   3.4 Catequista, educador da fé na cultura digital, 70

4 A dimensão sociotransformadora da catequese, da evangelização e da missão, 75

4.1   Catequista, testemunha da opção da Igreja pelos pobres, 77

4.2   Catequista, respeitador do diálogo ecumênico e do pluralismo religioso, 80

4.3   Catequista, promotor da cultura ecológica, 83

4.4   Catequista, comprometimento com a dimensão sociopolítica da fé, 86

5 Em sintonia com uma Igreja samaritana e misericordiosa, 89

5.1   Catequista, unido à Igreja em saída, 91

5.2   Catequista, presença samaritana e misericordiosa na vida da comunidade paroquial, 94

5.3   Catequista, apóstolo da diocesaneidade, 97

5.4   Catequista, com Maria, a serviço do projeto de Deus para a humanidade, 101

Considerações finais, 105

Referências, 107

Apresentação

A catequese tem por objetivo anunciar a pessoa de Jesus Cristo e torná-lo conhecido e amado por todos. Ao mesmo tempo, deseja que, tendo-o conhecido, vivam e testemunhem aquilo que dele aprenderam. Anunciar e testemunhar Jesus é a missão de todo cristão, especialmente dos que foram chamados ao ministério da catequese. Anunciar e testemunhar: eis a grande missão de todo catequista, pois disso depende a própria credibilidade da catequese. A Igreja, por mandato de Jesus, nasceu para evangelizar e se desenvolveu no vigor da missão. Os primeiros discípulos missionários compreenderam e acolheram o mandato missionário de Jesus, vivendo-o como participação em sua missão redentora: "Como o Pai me enviou, assim também eu vos envio" (Jo 20,21). Durante séculos, os sucessores dos apóstolos, em nome de Jesus, deram continuidade ao processo de evangelização e missão na Igreja.

Conhecer a doutrina e comunicá-la é missão de todo discípulo missionário catequista. No entanto, o fiel, ao anunciar Jesus Cristo, é convidado a experimentá-lo e vivenciá-lo em sua própria vida: somente o conhecimento doutrinal não é suficiente. O Papa Francisco vislumbra uma Igreja inteiramente dedicada à missão, uma Igreja em constante saída, em busca daqueles e daquelas que ainda não conheceram Jesus (cf. *Evangelii Gaudium*, n. 27). Devemos sair de nossas acomodações e ir ao encontro de tantas pessoas que ainda não tiveram o privilégio de se encontrar com o Mestre e Senhor e a elas apresentá-lo com alegria e esperança. O Papa Francisco deseja tornar toda a Igreja missionária, a serviço da vida e da esperança do povo de Deus.

O livro, *Catequista, anunciador da alegria e da esperança do Evangelho*, apresentado pelo Padre Humberto Robson de Carvalho e pelo Padre Sergio Estebán Gonzáles Martínez tem a finalidade de colaborar com os catequistas no amadurecimento do conhecimento da pessoa de Jesus Cristo, Mestre e Senhor, no aprofundamento da fé ensinada pela Igreja e o seu Magistério e formar catequistas envolvidos na pedagogia do Mistério. É uma obra que vale a pena ser lida, estudada e partilhada entre os fiéis cristãos, particularmente os catequistas. Desejo uma boa leitura a todos!

Dom Jorge Pierozan
Bispo diocesano de Rio Grande

Introdução

A Igreja nasceu missionária. Os apóstolos entenderam que o chamado do Mestre e Senhor estava vinculado com a evangelização e, por isso, saíram em missão. Os sucessores dos apóstolos recordaram essa dimensão e sempre tiveram grandes iniciativas missionárias. A Igreja é, por natureza, essencialmente missionária. O catequista, membro da Igreja, é chamado e convocado para a missão de evangelizar. Encontra forças para viver e anunciar o Evangelho, mergulhando no mistério de Cristo por meio do encontro pessoal com ele, refletindo em si mesmo os sinais da presença do ressuscitado, atraindo e estimulando os catequizandos ao encontro pessoal com o Senhor. Esse é o caminho no qual o catequista cresce na alegria de gerar novos filhos do Pai, irmãos de Jesus Cristo[1].

O catequista, seguidor de Jesus Cristo, centro e modelo de evangelizador, deposita nele toda confiança e todo empenho em sua ação evangelizadora. Tem por consciência de que é um apóstolo a serviço da evangelização. A exemplo de Paulo, pode afirmar também: "Ai de mim se eu não evangelizar" (1Cor 9,16). O catequista tem a consciência de que a sua ação evangelizadora nasce de Jesus Cristo e se volta para Ele e para o Reino do Pai. Jesus Cristo é a razão de ser, de agir, de pensar e de sentir. Nele, com Ele e por Ele mergulha no mistério trinitário e desenvolve a vida pessoal e comunitária em prol da missão: aí reside o discipulado missionário[2].

---

1 MICHELETTI, G. D. *Catequese e evangelização*. Aparecida: Santuário, 2024, p. 19.
2 *Diretrizes gerais da ação evangelizadora do Brasil* (2011), n. 4.

A evangelização e a missão da Igreja são obras da Santíssima Trindade e fazem parte do seu mistério salvífico. Tais realidades são executáveis somente pela ação do Pai e do Filho e do Espírito Santo. A Igreja, povo de Deus, reunida sob a ação do Espírito Santo, "constitui na terra o germe e o início do Reino, pois Jesus a iniciou pregando a Boa-nova, que é a chegada do Reino de Deus. E desse modo, ela é, no mundo, sacramento de salvação"[3]. Desde a Igreja primitiva, a compreensão que se tem de comunidade paróquia é de um lugar de acolhida, de aproximação, de respeito e da prática da caridade; lugar de santificação, abrigo e proteção.

A palavra paróquia, em sua origem etimológica, está relacionada ao acolhimento: *paroikía* (estrangeiro e migrante), *paroikein* (viver junto a, habitar nas proximidades) e *paroikós* (vizinho, próximo, que habita junto). Pode-se afirmar, a partir dessas concepções, que o catequista, pertencente a uma comunidade paroquial, é aquele que tem a missão de acolher e de preparar os catequizandos para o encontro pessoal com Jesus, o Senhor da vida e da história[4].

O Papa Francisco sonha com uma Igreja inteiramente missionária. O seu apelo convoca todos os catequistas a ter uma atitude constante de saída, a fim de que todos os que se encontram, por alguma situação, longe da Igreja, tenham a oportunidade de retornar e recomeçar a amizade com Jesus no seio da comunidade paroquial[5].

---

3 *Diretrizes gerais da ação evangelizadora da Igreja no Brasil* (2015), n. 7.

4 CARVALHO, H. R. *Paróquia missionária*: projeto de evangelização e missão paroquial na cidade. São Paulo: Paulus, 2015, p. 10-11.

5 *Evangelii Gaudium*, n. 27.

Nesse contexto de reflexão sobre a formação de catequistas discípulos missionários do Pai, o presente livro está organizado em cinco capítulos. O primeiro capítulo afirma que Jesus Cristo e a Igreja são os fundamentos da catequese, da evangelização e da missão. Inicia tal abordagem com Jesus Cristo, centro e modelo de evangelizador; apresenta a vocação do catequista como chamado ao seguimento de Jesus Cristo; a Igreja, como lugar teológico da evangelização e da missão; e, de acordo com o atual *Diretório para a Catequese*, discorre sobre o catequista, "testemunha da fé e guardião da memória de Deus"[6].

O segundo capítulo apresenta a pessoa do Espírito Santo como alma da Igreja, animador e motivador da evangelização e da missão. Destaca a presença do catequista como evangelizador impulsionado pelo Espírito; como referência de comunhão e participação na comunidade paroquial; como sinal visível do amor de Deus na família e na sociedade; e como anunciador da alegria e da esperança aos catequizandos.

O terceiro capítulo mostra a relação entre a pedagogia divina e o processo de evangelização e missão. Discorre sobre o catequista como mistagogo a serviço da catequese e da liturgia, comprometido com a ética cristã e como educador da fé na cultura digital, interpelado pelos desafios das culturas urbanas.

O quarto capítulo investiga a dimensão sociotransformadora da catequese, da evangelização e da missão. Considera o catequista como testemunha da opção da Igreja pelos pobres; como pessoa capacitada

---

6   *Diretório para a Catequese*, n. 113 a.

para o diálogo ecumênico e para compreender e acolher o pluralismo religioso; como promotor do compromisso ecológico e comprometido com a dimensão sociopolítica da fé.

O quinto capítulo identifica o catequista unido à Igreja em saída e o retrata como presença samaritana e misericordiosa na vida da comunidade paroquial; como apóstolo da diocesaneidade; e, a exemplo de Maria, como servidor de Deus para a humanidade.

Que a Santíssima Trindade, fonte e razão de toda ação evangelizadora, inspire cada leitor a ser sempre mais um autêntico discípulo missionário a serviço de Deus e do seu povo, em sintonia com uma Igreja samaritana e misericordiosa. Que ele, ao mesmo tempo, encontre sustento para o exercício diário do seu ministério de Iniciação à Vida Cristã, com inspiração catecumenal, visando o amadurecimento de fé e vida daqueles que estão em busca de Jesus, "caminho, verdade e vida" (Jo 14,6).

1

JESUS CRISTO E A IGREJA:

Fundamentos da catequese, da evangelização e da missão

A catequese desempenha uma tarefa importante no processo da educação da fé. O processo de formação dos cristãos e cristãs deve ser olhado com atenção para não confundir nem eliminar aspectos essenciais do itinerário formativo. À luz do Documento de Aparecida, esta primeira unidade apresentará o encontro com Jesus Cristo como início da vida do catequista discípulo; a conversão como resposta desse encontro pessoal; o discipulado como amadurecimento do conhecimento doutrinal e da caridade; a comunhão como lugar teológico de crescimento e a missão como aspecto inseparável da formação de um catequista discípulo missionário: "o encontro com Jesus Cristo é acolhimento da graça do Pai que, pela força do Espírito, revela o Salvador e atua no coração de cada pessoa, possibilitando-lhe a resposta"[7].

Jesus Cristo é o centro e modelo de todo evangelizador. Ao iniciar a apresentação dos elementos fundamentais da catequese, da evangelização e da missão no contexto do processo de formação do catequista discípulo missionário, faz-se necessário compreender que o catequista, ao contemplar Jesus, encontra-se com o Verbo de Deus encarnado que, entre nós, fez sua morada (cf. Jo 1,14); que não se fechou em sua condição divina, mas se esvaziou até a morte de cruz (cf. Ef 2,5ss.) e, estando entre nós, não teve onde reclinar a cabeça (Mt 8,20)[8].

---

7 *Diretrizes gerais da ação evangelizadora do Brasil* (2011), n. 7.

8 *Diretrizes gerais da ação evangelizadora do Brasil* (2011), n. 5.

1.1 Jesus Cristo, centro e modelo de evangelizador

A vida dos discípulos missionários está marcada pela pessoa de Jesus Cristo. Ele é o caminho que conduz ao Pai na força e dinâmica do Espírito Santo. Tudo o que Deus quis mostrar à humanidade, Ele o fez em palavras e gestos na vida de Jesus Cristo. O conteúdo da sua pregação é o Reino de Deus: "cumpriu-se o tempo e o Reino de Deus está próximo. Arrependei-vos e crede no Evangelho" (Mc 1,15). Sempre é bom e importante fazer ressoar na mente e no coração todos os seus gestos e as suas palavras, colocando-o no centro da atividade catequética e missionária, para que Ele seja o verdadeiro protagonista na Igreja e na sociedade. Ele está sempre em movimento para anunciar o Reino e instaurar a graça, a justiça e a reconciliação (Lc 4,43). Sente-se atingido pela condição dos que estão fora (Jo 10,16), vivendo perdidos (Lc 15,4-7) e vai ao seu encontro para curar as feridas da dor, do desespero e comunicar a esperança (Lc 24,13-35)[9].

Desde o início de seu ministério, Jesus Cristo priorizou o anúncio do Reino de Deus. Com essa missão, manifestava o amor do Pai para com todos os seus filhos e filhas, partindo dos mais frágeis e vulneráveis. Dessa maneira, Ele demonstra, na sociedade fragmentada, opressora e excludente, a imagem de um Deus que sai, busca e acolhe a todos

> *Assimilar as palavras de Jesus Cristo é perceber como elas "desvendavam o segredo de Deus, o seu desígnio e a sua promessa".*

para oferecer uma salvação libertadora. Assimilar as palavras de Jesus Cristo é perceber como elas "desvendavam o segredo de Deus, o seu desígnio e a sua promessa"[10].

---

9 *Diretrizes gerais da ação evangelizadora do Brasil* (2011), n. 5.

10 *Evangelii Nuntiandi*, n. 11.

Ser seguidor de Jesus Cristo e colocá-lo no centro significa, na vida concreta de cada catequista, continuar a missão que Ele mesmo realizou em todos os lugares e com todas as pessoas; é educar continuamente para a formação de uma fé dinâmica e ativa na caridade que constrói laços fraternos e harmoniosos capazes de edificar uma sociedade tolerante; uma fé que permite viver uma esperança sólida, permanente e perseverante. Seguir o Filho de Deus é perceber que:

> O Evangelho possui um critério de totalidade que lhe é intrínseco: não cessará de ser Boa-nova enquanto não for anunciado a todos, enquanto não fecundar e curar todas as dimensões do homem, enquanto não unir todos os homens à volta da mesa do Reino[11].

O catequista que situa Jesus Cristo como centro evangelizador manifesta o sabor e a revigorante alegria de evangelizar; experimenta uma entrega progressiva à vontade do Pai e a generosa atitude de deixar-se formar pelos pequenos e pobres da comunidade; educa o outro para uma vida de constante escuta da Palavra e para um seguimento radical que se inicia no momento do primeiro anúncio e se estende até o último suspiro de vida; leva à sociedade a esperança e uma forma de vida que testemunha o que Jesus Cristo exortava àqueles que o seguiam.

Os que educam na fé e na caridade à luz do Evangelho encontram em Jesus Cristo a manifestação do desejo do Deus invisível que, tornando-se visível na pessoa do Filho e mantendo-se dinâmico no

---

11 *Evangelii Gaudium*, n. 237.

amor, convida a todos os seus filhos e filhas catequistas a abraçar e assumir sua missão de anunciar o Reino do Pai no meio do mundo. A experiência do chamado divino para participar da missão do Filho unigênito impulsiona o catequista a viver a caridade que se faz serviço; ele a transborda no acompanhamento do catequizando para, progressivamente, inseri-lo na comunidade eclesial e na sociedade em busca da justiça e da paz que vêm de Deus.

Reconhecer Jesus Cristo como centro também implica vê-lo como modelo de evangelização. Ele é, como nos apresenta o Documento de Aparecida, o primeiro evangelizador: "como discípulos de Jesus reconhecemos que Ele é o primeiro e maior evangelizador enviado por Deus"[12]. Toda a vida e atividade do catequista missionário parte da pessoa de Jesus Cristo. Tudo inicia e termina na sua pessoa. A atividade catequética é continuidade dos ensinamentos de Jesus Cristo, Mestre e Senhor.

> *A atividade catequética é continuidade dos ensinamentos de Jesus Cristo, Mestre e Senhor.*

A compreensão de Jesus Cristo como centro e modelo evangelizador requer a pedagogia catequética como um caminho de conhecimento. Esse caminho exige daquele que ensina, a fé; o modo de seguir o Mestre deve estar enraizado na realidade social das famílias. Assim como Jesus de Nazaré tinha uma mãe, Maria, um pai, José, cada catequizando tem uma família e com ela toda uma história. Cada pessoa e família são um mundo com alegria e tristeza, luzes e sombras, acertos e erros. Pede-se, ainda, que o catequista missionário conheça

---

12 *Documento de Aparecida*, n. 103.

as palavras de Jesus, seus gestos e suas obras. Isso é necessário e importante. Entretanto, aquele que deseja mergulhar na vida do primeiro evangelizador do Pai, precisa conhecer com profundidade a sua pessoa e as características da sua personalidade, porque a sua pregação, sua formação e o seu testemunho dependerão do seu conhecimento de Jesus Cristo, Mestre e Senhor.

O catequista maduro na fé e no seguimento do Filho de Deus sabe, concretamente, qual é a sua essência como missionário, quem não muda e permanece constante no seu testemunho e ensinamento; conhece perfeitamente o dado e a pessoa que movimentam a sua existência, Jesus Cristo. O catequista, participante da missão evangelizadora da Igreja de anunciar a fé, deve sempre fazer ressoar a figura de Jesus Cristo porque Ele é o protagonista, o modelo a imitar e seguir. O catequista, em outras palavras, não é o protagonista nem o semeador; ele é instrumento que continua o projeto do Pai.

O catequista que coloca Jesus Cristo no centro e como modelo da sua vida e catequese progride na fé.

Ser anunciador de Jesus Cristo, o primeiro evangelizador, é configurar-se progressivamente às suas palavras e obras. O catequista que coloca Jesus Cristo no centro e como modelo da sua vida e catequese progride na fé, porque compreende que o discípulo missionário se constrói no caminho longo da vida. Descobre que nunca está pronto e que precisa de uma contínua conversão que o leve ao amadurecimento na fé e na vivência da caridade.

O catequista missionário, imitando o primeiro evangelizador, adentra o coração do povo. Como Jesus, aproxima-se da vida de cada catequizando, manifestando, progressivamente, segundo a idade e mentalidade de cada etapa, o fascínio de ser discípulo missionário. Faz compreender que viver o discipulado não é uma obrigação cansativa e desgastante, mas uma opção livre e pessoal, fruto de um encontro de amor que enche de alegria e que dá ao cristão a sua identidade.

Aquele que educa na fé e no seguimento de Jesus Cristo sente afeição por toda pessoa que escuta a Palavra e deseja de todo coração seguir o caminho de Deus. É dócil e disponível a serviço de quem deseja apreender a trilha da fé. Entrega-se, marcando a vida de cada discípulo e discípula com seu testemunho; comunica a essência do cristão, Jesus Cristo, centro e modelo evangelizador.

Para refletir e responder

1. Como você compreende Jesus Cristo como centro e modelo de evangelizador?
2. O que significa colocar o Mestre como modelo de seguimento?
3. Cite alguns exemplos de como colocar Jesus Cristo no centro da catequese.

1.2 Catequista, chamado ao seguimento de Jesus Cristo

A pessoa que viveu toda uma experiência no caminho da fé e no seguimento de Jesus Cristo descobre vários elementos oriundos de uma progressiva escuta da Palavra. O catequista segue todo o processo dinâmico de formação, necessário para a efetiva ação evangelizadora da Igreja, e continua vivendo esse movimento. Sabe que tudo se inicia com o chamado do Mestre. Ele é quem dá o primeiro passo. O encontro pessoal com Jesus mobiliza todos os recursos pessoais do missionário, atingindo todo seu ser, unifica seu desejo e provoca encanto e sedução, leva-o a consagrar-se a Deus no serviço da Palavra e da Caridade[13].

O processo de formação do catequista missionário implica um seguimento constante e progressivo que parte, como nos apresenta o Documento de Aparecida, do encontro com Jesus Cristo, da conversão que é resposta ao encontro, do discipulado que é amadurecimento do conhecimento e do amor, da comunhão que é o lugar teológico e da missão que é o compromisso inseparável do discipulado. Todas essas etapas do itinerário de formação e seguimento se relacionam entre si. O catequista, educador da fé e ao mesmo tempo discípulo missionário, antes de anunciar Jesus Cristo na catequese, é o primeiro a viver este processo dinâmico formativo[14].

Tudo se inicia no encontro entre Deus e o ser humano. O catequista que descobre o chamado de Deus e que aceita o convite de renovar constantemente o seu encontro pessoal, deixando-se abraçar

---

13 CARVALHO, H. R. *O ministério do catequista*: elementos básicos para a formação. Apelação: Paulus, 2023, p. 11.

14 *Documento de Aparecida*, n. 20-32.

por Jesus Cristo, arriscando-se a ser encontrado por Ele, apaixona-se cada vez mais pelo Senhor[15]. É a partir deste encontro radical que será possível uma verdadeira conversão, um discipulado real, uma comunhão eclesial e uma missão autêntica.

Este encontro pessoal com o Ressuscitado dá lugar à Iniciação a Vida Cristã. Só se vive como discípulos missionários e realiza-se uma verdadeira catequese nessa dinâmica. É comum encontrar catequistas que tiveram um excelente encontro pessoal, mas não alimentaram a escuta e a comunhão com Deus. Faz-se necessário, então, reencontrar-se com Jesus Cristo constantemente, pois é Ele que dá acesso aos outros processos de formação do catequista. Sem esse movimento dinâmico, a catequese se torna estéril, sem vida, sem conteúdo e sacramental, que não toca diretamente a vida.

O encontro com Jesus Cristo e seu seguimento faz do catequista um anunciador da alegria e da esperança do Evangelho. Ele vive constantemente o itinerário da mulher samaritana, aquela que manifesta como o Mestre se faz conhecer às pessoas que o procuram. Jesus é percebido primeiro como judeu; depois, como profeta; posteriormente, como Messias. Ao final do diálogo, os samaritanos o percebem como Salvador[16]. Esse caminho de reconhecimento vivido pelo catequista é o itinerário para a formação de discípulos missionários. O catequista anima na catequese esse

> *O encontro com Jesus Cristo e seu seguimento faz do catequista um anunciador da alegria e da esperança do Evangelho.*

---

15 *Evangelii Gaudium*, n. 3.

16 CNBB. *Iniciação à Vida Cristã*: itinerário para formar discípulos missionários, n. 37.

diálogo com o Mestre; ele é o facilitador do encontro entre o catequizando e o Senhor.

A mulher da Samaria representa muitos catequizandos que desejam saciar a sua sede em Deus. O catequista, a exemplo do Mestre, supera toda divisão que possa existir no momento de evangelizar. Pois,

> [...] desde o primeiro momento, Jesus evidencia-se independente da situação que existe entre a Samaria e a Judeia; não reconhece as divisões causadas pelas ideologias, em particular religiosas. Oferece algo que as supera, o dom de Deus[17].

O catequista que teve o encontro com Jesus Cristo e que decide dar resposta àquele que o chamou, expressa com essa atitude comprometida um verdadeiro seguimento. O lugar deste catequista discípulo missionário é junto ao Mestre, porque este lugar teológico evidencia o desejo de aprender, de colocar-se numa escuta constante e de ver nas palavras, nos gestos e nas características da pessoa do Mestre o modelo a seguir. Só a partir desse itinerário se consegue imitar Jesus Cristo.

Progredir continuamente no seguimento é compreender que não existe um verdadeiro discipulado, uma autêntica catequese, sem a cruz. Aceitá-la faz parte do seguimento: "Então disse Jesus aos seus discípulos: se alguém quer vir após mim, negue-se a si mesmo, tome sua cruz e siga-me" (Mt 16,24). Ser catequista missionário implica contemplar na cruz os traços do Mestre. Esta contemplação não só indica à maneira pela qual Jesus devia morrer, mas também afirma como será a vida de

---

17 MATEOS, J.; BARRETO, J. *O Evangelho de São João*: análise linguística e comentário exegético. São Paulo: Paulus, 1999, p. 222.

quem decide segui-lo: negação constante de si mesmo, o total despojamento da própria vida e a renúncia ao bem-estar pessoal[18].

O catequista que segue a voz de Jesus Cristo, o bom Pastor, sabe que a catequese é para a Igreja uma ação eclesial distinta do primeiro anúncio. Consegue distinguir as características do querigma e da catequese. Sabe que o querigma é a base que fomenta a conversão e que a catequese amadurece a fé recebida no primeiro anúncio. É por meio da catequese que se educa para a adesão cada vez maior ao querigma e à ação missionária da Igreja. O fim da catequese é a missão, pois se educa à vivência da fé para continuar o projeto de Deus na pessoa de Jesus Cristo[19].

Para refletir e responder

1. Como acontece o seguimento de Jesus Cristo?

2. Quais são os aspectos mais importantes do processo de formação do catequista discípulo missionário?

3. Mencione algumas características do encontro pessoal, da conversão e do discipulado no processo do seguimento de Jesus Cristo.

---

18 MACKENZIE, J. L. *Dicionário Bíblico*. Tradução Álvaro Cunha. 2. ed. São Paulo: Paulinas, 1983, p. 204.

19 CELAM. *Manual de catequética*. São Paulo: Paulus, 2007, p. 104.

1.3 Igreja, lugar teológico da evangelização e da missão

O processo de formação do discípulo missionário passa pela Igreja: "o desenvolvimento da fé daquele que se propõe educar-se na fé necessita da experiência eclesial, isto é, de uma frutuosa participação na comunidade de fé. Por isso, é de natureza da catequese inserir a pessoa nesse ambiente"[20]. A inserção dos seguidores na vida eclesial não é sempre acompanhada adequadamente ou realizada de maneira eficaz. Esta etapa de formação é muito delicada porque, sem um acompanhamento, pode terminar prejudicando o processo de crescimento. Geralmente encontra-se na Igreja pessoas que tiveram um excelente encontro pessoal, uma conversão frutífera e um discipulado constante. No entanto, no momento de serem inseridas na comunidade eclesial, não conseguiram progredir na fé e, como consequência, optaram pelo fechamento à vida comunitária.

Outro elemento que dificulta a inserção do catequista na vida eclesial é a vivência de uma fé intimista, individualista e, portanto, incapaz de ser partilhada com outros. Esta maneira de viver a fé infantiliza inúmeros cristãos, porque fecha a pessoa à caridade, como também ao perdão e à colaboração na missão eclesial; consequência desse isolamento é o despreparo para confrontar os obstáculos que o caminho comunitário apresenta.

O catequista discípulo missionário se encontra inserido no contexto de uma sociedade individualista e competitiva, em que cada pessoa é valorizada pela palavra ter e não pelo ser. Educar para a vida comunitária é um desafio porque a atual estrutura social e contextos impedem a concretização do viver comunitário. Estar juntos é cada vez mais complexo

---

20 CARVALHO, H. R.; SILVA, A. W.C. A catequese como educação da fé. São Paulo: Paulus, 2021, p. 50.

porque "os homens e as mulheres são quase sempre forçados a usar suas capacidades, habilidades e conhecimentos para ir tocando a vida e não para empregá-la em causas nobres e de grande valia para a humanidade"[21].

A importância de uma boa educação qualitativa no que diz respeito à vida comunitária, no processo de formação do discípulo missionário, se torna cada vez mais urgente. O catequista maduro na fé e no seguimento é o instrumento para responder, à luz da fé, as dificuldades atuais. O papel da comunidade eclesial e o acompanhamento espiritual de pessoa a pessoa são respostas que ajudam a crescer saudavelmente como cristãos verdadeiros. Cada vez mais é importante ressoar na mente e no coração o desejo de viver juntos: "não deixemos que nos roubem a comunidade!"[22].

O discípulo missionário se faz em comunidade; o catequista educador da fé e no seguimento de Jesus Cristo se faz em comunidade. O aspecto fraterno e relacional da fé é de suma importância na vida eclesial porque é seu modo de ser. Jesus sempre se preocupou com a formação de uma comunidade marcada por elementos e relações totalmente novas. Embora Ele tenha chamado cada pessoa individualmente, não estava interessado na soma de pessoas, mas em Israel, naquele povo do qual todos fazem parte[23].

A Igreja é o lugar teológico da evangelização e da missão. Ela, como nos recorda São Paulo VI, na *Evangelii Nuntiandi*, está vinculada à evangelização; esta é inerente àquela, e constitui a sua identidade. A Igreja nasce

---

21 OLIVEIRA, J.L.M. Viver em comunidade para a missão: um chamado à Vida Religiosa Consagrada. São Paulo: Paulus, 2013, p. 14.

22 *Evangelii Gaudium*, n. 92.

23 LOHFINK, G. *Como Jesus queria as comunidades?* A dimensão social da fé cristã. São Paulo: Paulinas, 1986, p. 102.

da ação evangelizadora de Jesus e dos doze; é enviada por Jesus como sinal da presença de Deus e como testemunha da ação do Mestre; evangeliza e, também, é por si mesma evangelizada; é depositária da Boa-nova e das promessas da nova aliança, Jesus Cristo; envia evangelizadores, colocando nos seus lábios a Palavra que é vida e que salva[24].

É na Igreja que se aprende a ser catequista. É a comunidade de fé o local privilegiado no qual se amadurece a vocação e se vive os ensinamentos de Jesus Cristo. Só no dinamismo da partilha de conhecimento e da caridade é que se pode progredir na fé.

O seguimento de Jesus Cristo e a adesão a seu projeto de Reino incluem um alimentar-se constante da Palavra, vivida em comunidade. Os catequistas discípulos missionários vão crescendo na compreensão da proposta do Reino que provoca um diálogo com os outros membros da comunidade. Compreender a comunidade cristã como principal local da catequese é condição para um verdadeiro crescimento pessoal e religioso, do ser catequista.

Para refletir e responder

1. Qual o significado da Igreja como lugar teológico da evangelização e da missão?

2. De que maneira na sua comunidade local a catequese dialoga com as outras pastorais?

3. Como a paróquia na qual você está inserido ou inserida trabalha a serviço da missão e da evangelização na catequese?

---

24 *Evangelii Nuntiandi*, n. 15.

1.4 Catequista, "testemunha da fé e guardião da memória de Deus"

O itinerário de formação de um seguidor de Jesus Cristo realiza-se na missão. A vida cristã, compreendida em sua totalidade como uma missão, é por si mesma formadora. O cotidiano do trabalho, das relações familiares e sociais, quando perpassados pela ótica cristã, adquirem uma capacidade formativa sem precedentes. O catequista, como primeira testemunha da fé que ensina, vê-se imerso na totalidade da vida e ali se abre ao aprendizado diário. É a própria vida, a partir da fé e da missão, que pouco a pouco renova o sentido da existência, condição privilegiada de aprendizado para o catequista.

É esta abertura à vida, como escola da fé e da missão, que impulsiona o agir do catequista missionário, ajudando-o a conhecer o Senhor. A sua identidade como cristão é a missão[25]. Todavia, a missão não se reduz a alguns aspectos unilaterais. A missão cristã supera qualquer limitação de estilo ou perspectiva, permitindo aquela pluralidade de manifestações que enriquece a Igreja. O catequista como discípulo missionário é um sinal presente da missão da Igreja que se concretiza na ação educadora da fé. Na realização de sua missão, ajuda os membros da Igreja a se encontrarem com Cristo, como também a entenderem o valor de ser testemunhas da fé e guardiões da memória de Deus[26].

O catequista como discípulo missionário é um sinal presente da missão da Igreja que se concretiza na ação educadora da fé.

---

25 *Evangelii Gaudium*, n. 273.

26 *Diretório para a Catequese*, n. 113.

O catequista, como testemunha da fé, busca viver plenamente o ideal cristão, em particular na vida comunitária e na ação pastoral. Ele, ao compreender que sua vida cristã é missão, torna-se portador de um dom a ser colocado a serviço da comunidade e promotor da ação pastoral, adotando sempre uma atitude de abertura e disponibilidade[27]. O catequista, para fazer de sua vida de fé um dom para a comunidade, precisa superar toda suspeita e desconfiança que existe no relacionamento humano e o medo de ser invadido pelo outro; pois ser testemunha de fé não é fechar-se ao contato com o outro no comodismo, nem no círculo reduzido de pessoas, mas encontrar-se no semelhante, identificar-se com ele e estar presente com ele. A aceitação de abrir-se ao outro como irmão implica aceitar o desafio do encontro[28].

> *O catequista, como testemunha da fé, busca viver plenamente o ideal cristão, em particular na vida comunitária e na ação pastoral.*

O catequista discípulo missionário, consciente de sua fé e de sua missão, não se fecha sobre si mesmo, mas coloca-se em uma atitude de disponibilidade ao mistério do outro que se abre à sua frente. Sabe identificar que o catequizando, os familiares, os irmãos da comunidade, os presbíteros e os demais companheiros, sempre serão sinais da graça de Deus que se revela na história e toca o coração de cada pessoa. É próprio de um cristão maduro na fé a capacidade de paulatinamente perceber no outro a própria presença de Deus que vem ao seu encontro para esclarecer e impulsionar a missão.

---

27 *Diretório para a Catequese*, n. 122, 123.

28 *Evangelii Gaudium*, n. 88.

Constitui também um aspecto fundamental da vida do catequista ser guardião da memória de Deus. Isso requer dele conhecer Jesus como revelador do Pai, a assiduidade para ler e meditar o Evangelho. É na Sagrada Escritura que o catequista missionário encontra o fundamento de sua fé e seu anúncio. Sem a meditação profunda da Escritura, o anúncio do Mistério do Reino torna-se ineficaz e inconvincente. Também o conhecimento da Tradição e do Magistério eclesial são fundamentos para um anúncio coerente da mensagem cristã.

O catequista discípulo missionário, guardião da memória de Deus, é amante das Escrituras e dela faz o seu alimento, encarnando-a em sua vida por meio da fé, da esperança e da caridade; defende a Tradição da Igreja (fé acreditada, celebrada, vivida e orada) por meio de uma vida de fé que se renova a cada dia, como também o Magistério da Igreja, a comunhão com os bispos, o diálogo fraterno e a unidade eclesial. Escritura, Tradição e Magistério estão intimamente unidos e nenhum deles existe sem os outros[29].

A memória enraíza a catequese no contexto contemporâneo. Ela é uma dimensão fundamental da fé. Apenas uma memória dotada de espiritualidade e amadurecida na experiência de fé permite ao catequista compreender a totalidade do evento salvífico como uma realidade na qual se insere. A memória da salvação operada por Deus por meio do Filho e no Espírito não diz respeito a uma dimensão exterior ou diferente da vida; ela toca todos os âmbitos da própria vida. A partir desta experiência fundante, o catequista missionário poderá realizar com coerência o anúncio do Reino libertador de Deus.

---

29 *Diretório para a Catequese*, n. 25, 26, 29, 72, 93, 94.

O fazer memória é próprio da vida da Igreja. Esta ação conduz o catequista missionário a cultivar, inclusive, "uma memória penitencial, capaz de assumir o passado para libertar o futuro das próprias insatisfações, confusões ou projeções"[30].

Apenas um catequista que compreende sua vida cristã como missão é capaz de testemunhar com convicção sua fé.

O catequista que possui clara consciência de sua fé tem o dever de assumir o futuro da Igreja e da vida com coragem. Apenas um catequista que compreende sua vida cristã como missão é capaz de testemunhar com convicção sua fé. O testemunho cristão, como primeiro modelo de anúncio, nunca será um aspecto secundário no processo catequético, principalmente nos dias de hoje[31]. Atualmente, em uma sociedade de muitas palavras, o testemunho cristão desponta como um sinal de coerência entre os valores anunciados e a experiência de vida.

Além do testemunho cotidiano da fé num mundo cada vez mais conflituoso, o catequista missionário assume para si a tarefa fundamental da Igreja: guardar a memória de Deus. A Igreja não é senhora de si mesma, nem tampouco possui sentido em si mesma, mas ela é sempre sinal, sacramento que remete a uma realidade infinitamente maior: o Reino de Deus[32]. Compreendida deste modo, a memória que cada catequista guarda no coração é dotada de vitalidade, de uma força própria que atribui a toda realidade um novo significado. Guardar

---

30 *Fratelli Tutti*, n. 226.

31 *Diretório para a Catequese*, n. 121.

32 BOFF, L. *Igreja: Carisma e poder*. Petrópolis: Vozes, 1984. p. 108-109.

a memória de Deus e vivenciar a fé são aspectos que tocam a existência de cada catequista missionário e que fortalecem os alicerces para uma fé e um anúncio realmente convincentes. Ser testemunha da fé e guardião da memória de Deus implica compreender a catequese como um serviço que conduz ao seguimento de Jesus Cristo, Mestre e Senhor.

Para refletir e responder

1. Como o catequista se torna testemunha de fé?
2. Qual é o significado da palavra guardião?
3. O que significa ser testemunha da fé e guardião da memória de Deus?

2

O ESPÍRITO SANTO:

Alma da Igreja, animador
e motivador da evangelização
e da missão

O Espírito Santo é a vida e a alma da Igreja, a terceira pessoa da Santíssima Trindade. É o nome santo daquele que adoramos e glorificamos com o Pai e o Filho[33]. Ele sempre esteve presente na vida da Igreja (Lc 1,8) e continua agindo como animador e santificador da ação evangelizadora em cada comunidade paroquial. Toda ação da Igreja é feita por obra do Espírito: "a missão de Cristo e do Espírito Santo realiza-se na Igreja, Corpo de Cristo e Templo do Espírito Santo"[34]. Ele é dom de Deus, graça, força e santidade que o cristão catequista recebe para ser no mundo sinal e portador do seu amor. O Espírito Santo "é o consumador da autorrevelação e autocomunicação de Deus à sua criatura feita imagem"[35].

A terceira Pessoa da Santíssima Trindade conduz a Igreja na missão e na catequese. Educar para a missão se faz na força e dinâmica do Espírito. Cada vez que os catequistas discípulos missionários são animados pelo Espírito, a Igreja se renova na fidelidade ao Evangelho. Aprofundar o caminho do processo formativo não envolve só a força humana, mas, fundamentalmente, o acompanhamento do Espírito[36]. É o Espírito Santo de Deus quem anima e motiva a evangelização e a missão do catequista na comunidade paroquial. Sem Ele, nada se faz, nada acontece.

---

33 *Catecismo da Igreja Católica*, n. 691.

34 *Catecismo da Igreja Católica*, n. 737.

35 CONGAR, Y. J. M. *Espírito do homem, Espírito de Deus*. São Paulo: Loyola, 1986, p. 43.

36 *Diretório para a Catequese*, n. 16.

2.1 O Espírito Santo na vida e na ação da Igreja

O Espírito Santo acompanha e anima a vida e a ação da Igreja. Ele une as pessoas no anúncio do Reino de Deus. O projeto do Pai, de que todos sejam salvos, encontra-se plenamente revelado em Jesus Cristo por meio do seu Espírito. Os discípulos missionários, entre os quais estão os catequistas, dão continuidade a esse projeto, pois são eles que expressam, com o auxílio do Espírito Santo, no processo catequético e testemunhal, a vontade de Deus: de salvar a todos. Assim, o Espírito Santo, além de confortar os corações na fidelidade e na escuta do Evangelho, produz movimento na vida dos catequistas que se deixam tocar por Ele e os transforma em colaboradores na educação da fé, na vida e na ação evangelizadora da Igreja.

Por meio do Espírito Santo a Igreja toda continua a missão de Jesus Cristo, de anunciar o amor e a misericórdia que vem do Pai:

> [...] crer no Espírito Santo é professar e confessar, com a mente, o coração e a vida, que Ele é uma das pessoas da Santíssima Trindade e que é consubstancial ao Pai e ao Filho, isto é, que tem a mesma essência, natureza e substância do Pai e do Filho, por isso é também adorado e glorificado como ambos[37].

O catequista discípulo missionário reconhece a importância de anunciar na catequese a mesma missão do Senhor. Cada educador da fé pode continuar a missão exigida por uma catequese adequada pela força do Espírito. A exemplo do seu Mestre, o catequista vive no Espírito;

---

37 CARVALHO, H.R.; GIRON, R. S. *Creio: a profissão de fé explicada aos catequistas.* São Paulo: Paulus, 2018, p. 85-86.

na força do Espírito Santo realiza seu ministério e permanece em comunhão com a Igreja.

O Espírito é considerado o princípio da vida e da atividade vital. O respirar é o sopro comunicado por Deus ao homem, como afirma o Livro do Gênesis: "insuflou em suas narinas um hálito de vida e o homem se tornou um ser vivente" (Gn 2,7). No Novo Testamento o significado de *pneuma* é muito parecido com o termo hebraico *ruah,* que designa o movimento do ar, principalmente, sopro ou vento[38]. O Espírito, durante os séculos, vem sendo representado por símbolos como vento, fogo, água, pomba, selo, entre outros. Essas nomenclaturas causam algumas dificuldades para uma compreensão mais concreta e precisa da presença e da ação do Espírito Santo na vida e na história da Igreja[39].

> *Onde estiverem catequistas reunidos e trabalhando no anúncio do Reino,o Espírito de Deus estará agindo.*

A Constituição Dogmática *Lumem Gentium,* documento do Concílio Vaticano II, ressalta que o Espírito Santo atua na vida e na ação da Igreja; leva os fiéis a experimentarem e a viverem na verdade plena, na comunhão e na missão. O catequista compreende e está aberto à ação do Espírito na sua vida e na sua missão específica de educador da fé. O Espírito Santo está presente na Igreja, na catequese e na missão. Onde estiverem catequistas reunidos e trabalhando no anúncio do Reino, na educação da fé, na construção da comunidade dos discípulos do Senhor, na construção de uma sociedade mais justa, fraterna e solidária, baseada na inclusão

---

38 MACKENZIE, J. L. *Dicionário Bíblico.* Op. cit., p. 303-305.

39 BOFF, L. *A Trindade e a Sociedade.* Petrópolis: Vozes, 2014, p. 289.

e no respeito, o Espírito de Deus agirá. Ele é o impulso vital da Igreja na dinâmica da educação da fé. Por meio do Espírito, o Evangelho é transmitido em cada etapa na catequese[40].

O Espírito que ilumina e anima a catequese faz impulsionar, nos catequizandos, o espírito missionário. Este projeto de missão é o mesmo realizado por Jesus Cristo. Na Igreja, cada vez mais a educação para a ação missionária torna-se urgente. De acordo com o Papa Francisco: "a Igreja deve ser o lugar da misericórdia gratuita, onde todos possam sentir-se acolhidos, amados, perdoados e animados a viverem segundo a Boa-nova do Evangelho"[41].

> *O Espírito que ilumina e anima a catequese faz impulsionar, nos catequizandos, o espírito missionário.*

Em comunhão com o que diz o Papa Francisco é preciso compreender que a Igreja animada pelo Espírito Santo une todos os filhos e filhas como único povo. Este povo, escolhido por Deus, é sacramento do amor do Pai que deseja reunir os seus amados junto dele. O motivo do agir de Deus é o amor, a misericórdia gratuita. Ele busca e une porque ama. O Espírito de amor une o diferente na Igreja. Embora existam diversas línguas, tradições, costumes, talentos e dons, a Igreja é una. Em sua unidade, ela sente a dor e a alegria do povo; entristece-se diante de uma sociedade injusta; sofre quando alguém é discriminado e excluído; chora quando seus filhos e filhas são mortos pelo sistema injusto e opressor.

---

40 *Lumem Gentium*, n. 4.
41 *Evangelii Gaudium*, n. 114.

É nessa dinâmica de unidade e de caridade misericordiosa que os catequizandos são educados na fé e no seguimento de Jesus Cristo. A catequese é o espaço de acolhida, de união, de misericórdia gratuita, de diálogo fraterno que busca a paz que vem de Deus: "O Espírito Santo que Cristo derrama em seus membros constrói, anima e santifica a Igreja. Ela é o sacramento da comunhão da Santíssima Trindade e dos homens"[42].

Para refletir e responder

1. Qual é a importância do Espírito Santo na catequese?

2. De que maneira a catequese pode tornar-se um espaço de vida e ação segundo o Espírito Santo?

3. Qual é a visão do Espírito Santo que os catequizandos estão aprendendo atualmente na catequese?

---

42 *Catecismo da Igreja Católica*, n. 747.

2.2 Catequista, animado pelo Espírito Santo para evangelizar

O catequista discípulo missionário, animado pelo Espírito, é motivado a evangelizar. Ele testemunha, na catequese, o seguimento de Jesus Cristo, que consiste na configuração progressiva com o Mestre, em palavras e obras; ensina o catequizando a ser discípulo em missão e fala de acordo com a capacidade e condição de cada pessoa e/ou grupo que acompanha: as crianças, os jovens, os adultos, as pessoas com deficiência, os grupos indígenas, afro-brasileiros, os excluídos e marginalizados. O catequista, então, animado pelo Espírito, anuncia a Boa-nova de Deus na vida de todos[43].

O Papa Francisco, na dinâmica do Documento de Aparecida, ressalta na *Evangelii Gaudium* as palavras "discípulo" e "missão"; inclusive, desafia os cristãos, particularmente os catequistas. Na redação do documento, presidida na época pelo então Cardeal Jorge Mario Bergoglio, ocorre a seguinte alteração, simples, porém significativa: não mais se utiliza discípulos e missionários, mas simplesmente discípulos missionários, o que expressa a unicidade das duas dinâmicas fundamentais da vida cristã. Em nossa reflexão destacamos a importância dessas duas palavras e acrescentamos mais uma: "catequista discípulo missionário". Três palavras unidas, formando uma só realidade e um só ser.

---

43 *Documento de Aparecida*, n. 146.

Ao ser animado pelo Espírito Santo, o catequista discípulo missionário se torna luz para a sociedade. Esta luz é abundante e não se esgota, porque vem do próprio Jesus Cristo. E o Espírito Santo, como presença sempre constante de Cristo que ilumina os seguidores de sua proposta de amor, vida e fraternidade, orienta o catequista a ser fiel na sua missão. O santo Papa Paulo VI, assim dizia: "é um fato que o Espírito de Deus tem um lugar eminente em toda a vida da Igreja; mas, é na missão evangelizadora da mesma Igreja que Ele mais age"[44]. Na Exortação Apostólica *Evangelii Nuntiandi,* Ele testemunha a força do Espírito Santo na Igreja: Ele renova a Igreja e conduz o seu diálogo com a sociedade, rumo à paz social, ao crescimento mútuo, à promoção da dignidade de todos os homens e mulheres. Esse Espírito, portanto, anima a vida das comunidades, dos seus pastores e fiéis e continua agindo e suscitando pessoas no anúncio do Reino.

> Ao ser animado pelo Espírito Santo, o catequista discípulo missionário se torna luz para a sociedade.

A missão de renovar a Igreja, como acentuado no Concílio Vaticano II, é possível pela ação e presença do Espírito. É Ele que renova a consciência dos féis e dos pastores para que compreendam os sinais dos tempos e coloquem-se em diálogo frutífero com o mundo e a vida. Esta presença da Igreja no meio do mundo é o fundamento da ação evangelizadora; Ele age, especialmente, na missão, sendo o agente principal da evangelização.

---

44 *Evangelii Nuntiandi*, n. 75.

Sempre que se educa para a missão de transformar a sociedade – em busca da justiça, da fraternidade e da paz –, revela-se o agir e o movimento do Espírito. Cada vez que um catequista discípulo missionário realiza a sua missão evangelizadora, torna concreto o sonho e o trabalho de grandes cristãos e cristãs que deram a vida pelo Evangelho. Animado pelo Espírito, torna-se apóstolo da evangelização na sociedade.

O Espírito convida os catequistas discípulos missionários a viverem com a mesma paixão que Jesus viveu para anunciar o Evangelho àqueles a quem forem enviados: aos que estão perto e aos que estão longe, aos catequizandos que lhe são confiados e à comunidade eclesial a que pertence, aos pobres, enfermos, excluídos da sociedade. Essa paixão só se torna possível por meio do Espírito Santo. Ele anima pessoas e grupos diferentes num só projeto: no anúncio do Reino de Deus que salva. Ele exorta a transmitir as palavras de Jesus, que são as palavras do Pai. Sem o Espírito de Deus, não há evangelização.

A comunhão com a Igreja universal e com a Igreja particular acontece no Espírito Santo. Nesse sentido, a catequese deve educar para a união, diálogo e fraternidade. O diálogo e a união consistem numa arte feita em comunidade.

> *Viver a unidade na Igreja e na sociedade é possível quando se educa no verdadeiro seguimento de Jesus Cristo.*

Viver a unidade na Igreja e na sociedade é possível quando se educa no verdadeiro seguimento de Jesus Cristo. A falta de unidade reflete a ausência do Espírito Santo. Sempre é prudente relembrar em cada momento que a Igreja é una e, por isso, deve viver em plena unidade:

> [...] portanto, crer na Igreja Una, Santa, Católica e Apostólica e na comunhão dos santos nada mais é do que viver e partilhar a mesma fé em Cristo, confiar e seguir o mandato de Jesus de anunciar a salvação a todos[45].

Portanto, faz-se importante acolher e compreender a ação do Espírito de Deus nas pessoas, pois é por Ele que as diferenças convivem juntas e em unidade. Quanto mais o catequista discípulo missionário deixar-se guiar pela liberdade do Espírito, mais poderá crescer no seguimento de Jesus Cristo e na comunhão eclesial. O cristão dócil ao Espírito assume seu discipulado como missão, seja no mundo laical, seja no exercício dos diversos ministérios e carismas presentes na comunidade cristã; compreende ser agente e receptor da força do Espírito que anima a Igreja e, por isso, coloca-se como colaborador na edificação desta mesma Igreja.

Para refletir e responder

1. Como você compreende a expressão catequista discípulo missionário?
2. Como a sua comunidade de fé interpreta o Espírito Santo como unidade?
3. Você se deixa animar pelo Espírito Santo nas diversas atividades da vida e da missão?

---

45 CARVALHO, H. R.; GIRON, S. R. *Creio: a profissão de fé explicada aos catequistas.* São Paulo: Paulus, 2018, p. 97.

2.3 Catequista, referência de comunhão e participação na comunidade paroquial

O catequista é referência de comunhão e participação na comunidade paroquial. Educado na fé e no seguimento de Jesus Cristo, manifesta crescimento humano e religioso na vivência comunitária. Ser discípulo se aprende no caminho e na participação com os outros. Não se pode seguir o Mestre de maneira isolada e descomprometida. Ao saber lidar com os desafios comunitários, o catequista discípulo missionário reflete sua maturidade cristã. Esse crescimento só é possível na participação ativa na comunidade paroquial:

> [...] a comunidade cristã é a origem, o lugar e a meta da catequese. É sempre da comunidade cristã que nasce o anúncio do Evangelho, que convida os homens e as mulheres à conversão e a seguirem Cristo[46].

O lugar do catequista discípulo missionário é a comunidade. Ele educa os catequizandos a desejar ser parte da comunidade de fé e a ver como Deus age nela. Na comunidade, o catequista vive a fé, a caridade e a esperança; nela transmite estas virtudes teologais, fomentando a paz e o perdão que vêm de Deus. É na arte de estar juntos que o catequista educa seus catequizandos para os valores fundamentais da solidariedade e da fraternidade, expondo-lhes a importância de tais valores na vida e no ministério de Jesus e de seus seguidores.

---

46 *Diretório para a Catequese*, n. 133.

A comunidade fomenta seguidores de Jesus Cristo porque nela acontece o anúncio, o seguimento, a conversão, o amadurecimento e a missão. A comunidade cristã, base da convivência social, torna-se partícipe do modo de ser do seguidor; também é o lugar da partilha fraterna e concreta do povo de Deus. A vida comunitária é tão importante e complexa que só a força humana não a sustentará. É pela força do Espírito Santo que ela congrega as pessoas:

> [...] o Espírito é criatividade e irrupção do novo no meio do grupo, mas nunca num sentido individualista ou para a autopromoção da pessoa, mas sempre em vista do reforço da comunidade em suas necessidades[47].

O Espírito une as pessoas em um só espírito e em uma só alma; sua presença sustenta a unidade dos diferentes carismas e dons na comunidade. A diversidade enriquece a comunidade em vista do bem comum, que é o fim de toda atividade na Igreja. No dinamismo da catequese, o catequista educa no seguimento de Jesus Cristo, mobilizando os talentos, dons e carismas dos catequizandos em prol do bem comum na comunidade.

Uma vez compreendida a importância da comunidade na dinâmica do seguimento de Jesus Cristo, pode-se ampliar mais o sentido comunitário: Igreja, diocese, paróquia, família. A vida comunitária vive-se em todos estes lugares. Compreendendo bem o sentido comunitário, se vive como verdadeiros cristãos na Igreja, como bons membros pertencentes a uma diocese, como comunidade comprometida na paróquia

---

47 BOFF, L. *A Trindade e a sociedade*. Petrópolis: Vozes, 2014, p. 298-299.

e como discípulos missionários na família. Vivendo a arte comunitária no movimento do Espírito Santo, na Igreja particular, pode-se experimentar a unidade da Igreja universal. Cada vez mais é preciso saber viver juntos na Igreja: "a mensagem de Jesus chega até nós por meio do anúncio missionário; é aprofundada e vivida na comunidade dos que seguem o caminho do Evangelho: a Igreja"[48].

É importante ressaltar que a vivência fraterna na Igreja, na diocese e na paróquia é possível quando se educa para fraternidade, na família. A Igreja doméstica é a base do convívio na comunidade cristã. Se a família

> *A Igreja doméstica é a base do convívio na comunidade cristã.*

não faz a experiência da fé, dificilmente no ambiente paroquial se realizará. Uma Igreja isolada e fragmentada, sem sentido de identidade e de pertença, pode ser o resultado da falta de vivência da fé na Igreja doméstica. É necessário, na catequese, ressaltar a participação dos membros da família, para que o seguimento de Jesus Cristo se traduza no encontro e partilha não só com o Mestre, mas também com a própria família.

O Apóstolo Paulo, em suas *cartas*, destaca que pela Igreja se revela o mistério da vontade de Deus[49]. Para descrever como a Igreja deve agir na sociedade, Paulo menciona a vida (moral) doméstica entre marido e mulher (Ef 5,21-33) e entre filhos e pais: "Filhos, obedecei aos vossos pais, no Senhor, pois isso é justo. Honra a teu pai e a tua mãe" (Ef 6,1-2). Todo o relacionamento da moral doméstica está

---

48 *Diretório Nacional de Catequese*, n. 102.
49 MACKENZIE, J. L. *Dicionário Bíblico*. Op. cit., p. 433.

sustentado em Jesus Cristo, na sua maneira de proceder. É por meio dessa prática da família cristã que se aprende a viver fraternalmente, à luz da fé, na comunidade paroquial:

> [...] o futuro das pessoas, da comunidade humana e da comunidade eclesial depende em grande parte da família, da célula fundamental da sociedade. Graças à família, a Igreja se torna uma família de famílias e é enriquecida pela vida dessas igrejas domésticas[50].

A importância da vivência da fé na família se fundamenta na complexidade de relações interpessoais. Os membros da família interrelacionam-se nas atividades cotidianas; a cada dia aprendem a lidar com o modo de ser um do outro. Muitas famílias estão em crise porque não praticam a partilha, o sentar-se à mesa para a refeição e o diálogo. Sentar-se à mesa não se resume ao saciar a fome, mas ao exercitar a comunhão: "a Igreja é família de famílias, constantemente enriquecida pela vida de todas as igrejas domésticas"[51].

A união das famílias forma a Igreja. Uma família forte na fé e no seguimento de Jesus Cristo suscita uma Igreja fiel à vontade de Deus. A presença de diversas famílias na comunidade cristã poderá causar conflitos inevitáveis, mas enriquecedores porque a partir deles surge a necessidade de desenvolver a capacidade de diálogo e respeito para com o diferente. Considerar a paróquia como família de famílias é um processo que se dá a longo prazo e com o esforço de todas as partes. Daí a importância da ação do catequista discípulo missionário, porque

---

50 *Diretório para a Catequese*, n. 226.

51 *Amoris Laetitia*, n. 87.

educa os catequizandos a saber viver e unir-se na comunidade cristã, compreendendo-a como uma família.

A boa compreensão do Evangelho na Igreja doméstica e na comunidade cristã reverte-se em um discipulado autêntico com identidade e pertença na paróquia. Os catequizandos que são educados nessa dinâmica consideram a paróquia como casa comum, como lar onde podem tecer redes de amizade e de comunidade. A experiência de Jesus Cristo surge na casa comum onde as pessoas se encontram. Todos os cristãos que passam pela paróquia encontram acolhida tal como realizada por Jesus Cristo. Para que este espaço de comunhão e de fraternidade seja concreto nas paróquias, é preciso que o catequista, além de educar na fé, seja referência de comunhão e participação na comunidade paroquial.

Para refletir e responder

1. Você considera a sua família como Igreja doméstica?
2. Os catequistas na sua comunidade paroquial são referência de comunhão e participação?
3. A sua comunidade paroquial é considerada casa comum?

2.4 Catequista, anunciador da alegria e da esperança

O catequista discípulo missionário possui um distintivo, um modo de ser que o caracteriza na sociedade. A alegria e a esperança são sentimentos que expressam a maneira de agir daqueles que seguem Jesus Cristo como discípulos missionários na educação da fé. O catequista discípulo missionário, de acordo com sua índole particular, seu carisma e seus talentos, é anunciador da alegria e da esperança que vêm do Salvador: "a alegria do Evangelho é tal que nada e ninguém poderá tirá-la de nós" (Jo 16,22)[52].

Seguir Jesus é uma missão complexa e desafiadora que pressupõe coragem na caminhada. É essencial que os educadores da fé e do seguimento do Mestre sejam realmente apaixonados pelo Evangelho, porque só uma paixão profunda pode ser testemunha de alegria e de esperança na sociedade corrompida pelo pecado pessoal e social: "a alegria do Evangelho enche o coração e a vida inteira daqueles que se encontram com Jesus [...]. Com Jesus Cristo, renasce sem cessar a alegria"[53].

A paixão pelo Evangelho se manifesta no fervor e na ousadia. Mesmo com problemas e desafios, o catequista não perde a sua identidade, porque a sua maneira de ser vem de Jesus Cristo. Em sua época, Ele anunciava o Reino de Deus com paixão e fervor em meio as muitas dificuldades produzidas pela estrutura social pecaminosa, que excluía e condenava, principalmente, os mais frágeis e vulneráveis.

---

52 *Evangelii Gaudium*, n. 84.

53 *Evangelii Gaudium*, n. 1.

Nesse contexto, hoje, cada anunciador de alegria e de esperança – o catequista discípulo missionário – comunica essa paixão que vem de Jesus.

A alegria, a esperança, o entusiasmo e a motivação são os indicadores da proximidade do catequista com o Mestre. A alegria que vem da proximidade com o Mestre é uma alegria comprometida capaz de produzir laços de acolhida, encontros e entrega ao projeto do Reino[54].

> *A alegria, a esperança, o entusiasmo e a motivação são os indicadores da proximidade do catequista com o Mestre.*

O Papa Francisco, nos seus encontros e escritos, tem acentuado a alegria. Com frequência, menciona a necessidade de o cristão fortalecer a alegria de ser discípulo missionário, porque percebe a importância de viver essa alegria. Partilhar a vida na comunidade cristã é sinal de alegria, em Jesus Cristo, pela ação do seu Espírito. Se hoje muitos cristãos e cristãs não desfrutam a arte de estar juntos é porque a comunidade afastou-se do próprio Jesus Cristo.

A alegria que anuncia o catequista discípulo missionário é acolhedora, comprometida e misericordiosa. A exemplo do pai misericordioso, do Evangelho segundo Lucas, viver a alegria é partilhar o retorno do filho à casa. O pai, ao ver o regresso do seu filho mais novo, exulta de emoção: "Ele estava ainda ao longe, quando seu pai o viu, encheu-se de compaixão, correu e lançou-se-lhe ao pescoço, cobrindo-o de beijos" (Lc 15,20). O pai, ao encher o filho de beijos

---

54 SUESS, P. *Dicionário da Evangelii Gaudium: 50 palavras-chave para uma leitura pastoral.* São Paulo: Paulus, 2015, p. 15-16.

e atenção, acolhe-o com alegria e ternura. A catequese é lugar de encontro e de reconciliação, a exemplo deste pai com seu filho.

> A evangelização é a comunicação de uma alegria que transforma e completa a vida cristã, e justamente por ser uma alegria plena, não pode ficar fechada no egoísmo, mas é sempre convertida em anúncio[55].

Como a alegria emana do coração transbordante de Jesus Cristo, a esperança também vem do encontro com o Mestre. A esperança não é uma opção de vida, um adesivo que pode ser acrescentado no seguimento. Ela é uma virtude teologal que faz parte da fé cristã. A esperança que vem de Deus revela o modo de seu agir, pois Ele é um Deus de esperança. Ter esperança significa relacionar-se ativamente com as coisas que acontecem na sociedade, implica um comprometimento com o aqui e agora da vida: "a alegria e o otimismo são características do catequista que vive sempre de bem com a vida. É sempre alegre, otimista e confiante. É Feliz! Traz consigo a marca do Cristo ressuscitado". A alegria e o bom humor atraem as pessoas, como tem afirmado repetidamente o Papa Francisco. Na sua primeira exortação apostólica, a *Evangelium Gaudium*, o pontífice coloca a alegria como "princípio indispensável para a evangelização no mundo contemporâneo"[56].

A esperança não é uma opção de vida, um adesivo que pode ser acrescentado no seguimento. Ela é uma virtude teologal que faz parte da fé cristã.

---

55 CARVALHO, H. R. *Espiritualidade do catequista*. São Paulo: Paulus, 2023, p. 103.
56 Ibid., p. 97.

Esperança não significa colocar-se passivamente nas mãos de Deus. Ele age salvando e convidando os discípulos a anunciar o Reino de Deus na sociedade:

> [...] a esperança é um dos comportamentos fundamentais do cristão e se relaciona com a afirmação central de sua fé. Por ser comportamento, é inserido no rol das virtudes, e, por se relacionar com Deus, é vista como teologal [...]. A esperança tem como seu referente principal o próprio Deus, e por isso tem perspectiva salvífica e escatológica[57].

A esperança convoca o catequista discípulo missionário a atuar na construção de um mundo melhor, de um país justo, de uma diocese participativa, de uma paróquia fiel à vontade de Deus e de uma Igreja doméstica que educa na fé. A esperança não pode se restringir à vida doméstica, mas deve ser partilhada com a comunidade eclesial, no compromisso com o Reino. Uma esperança que não transcende o catequista rumo ao social não é a esperança que Jesus Cristo apresenta nos Evangelhos, porque o Reino de Deus possui uma dimensão social.

A alegria e a esperança transmitidos na catequese convidam os catequizandos a desejar o seguimento de Jesus Cristo:

> [...] é dessa esperança alegre, otimista e sempre constante de homens e mulheres ao longo da história que a comunidade cristã viu nascerem inúmeros

---

57 PASSOS, J. D.; LOPES SANCHEZ, W. *Dicionário do Concílio Vaticano II*. São Paulo: Paulinas/Paulus, 2015, p. 357-358.

santos. A espiritualidade cristã não pode ser vivida com autenticidade sem a alegria, o otimismo e a esperança"[58].

Com o objetivo de viver na comunidade eclesial de acordo com o dinamismo do Espírito, a catequese deve tornar-se um lugar onde as pessoas compreendam o ser do discípulo missionário. Anunciar a alegria e a esperança que emanam do coração transbordante de Jesus Cristo se torna necessário. O mundo precisa da alegria do anúncio do Evangelho e do sinal de esperança que encontramos nas palavras de Jesus Cristo.

Para refletir e responder

1. Qual é a sua compreensão a respeito da alegria e da esperança?

2. Como a sua comunidade paroquial anuncia a alegria e a esperança que emanam do coração transbordante de Jesus Cristo?

3. Na sua comunidade paroquial a alegria e a esperança têm implicações sociais?

---

58 CARVALHO, H. R. *Espiritualidade do catequista*. Op. cit., p. 102-103.

3

A PEDAGOGIA DIVINA
no processo de evangelização e na missão

A pedagogia divina, no processo da evangelização e missão, manifesta na Igreja o seu modo de agir; ela expressa a maneira de proceder de Deus, o amor. O Pai revela-se gradualmente a todo o gênero humano, "por causa do seu muito amor, falando aos homens como a amigos"[59]. Deus no seu amor aproxima-se das pessoas tornando-se visível no convívio. Desta maneira, o seu povo escolhido experimenta, na proximidade do seu amor, a pedagogia divina que se, "expressa em tantas atenções educativas"[60].

A ação missionária da Igreja na educação da fé experimenta o amor constante de Deus manifestado na história: essa revelação tem a sua plenitude na pessoa de Jesus Cristo[61]. A finalidade da revelação é a salvação de toda a família humana, "por livre-desígnio de sabedoria e bondade, o Pai eterno criou o mundo e chamou mulheres e homens a participarem da vida humana"[62]. Dessa forma, a Igreja, como consequência da experiência do amor de Deus, anuncia a todos o amor misericordioso que vem do Pai.

A pedagogia divina transforma-se em ensinamentos de sabedoria para o povo; Deus, como um brilhante educador, transforma os acontecimentos do seu povo em lugar de ensino[63]. A Igreja, por meio da catequese, à luz da pedagogia divina, educa as pessoas para experimentar o amor de Deus que se manifesta no compromisso com seguimento de Jesus Cristo. Por isso, a ação evangelizadora e a missão são frutos concretos de um caminho pedagógico na catequese.

---

59 *Dei Verbum*, n. 2.

60 *Diretório para a Catequese*, n. 157.

61 *Dei Verbum*, n. 4.

62 *Lumem Gentium*, n. 2.

63 *Diretório para a Catequese*, n. 158.

3.1 Catequista, mestre e mistagogo a serviço da catequese e da liturgia

O catequista, na sua missão específica de educar na fé e no seguimento de Jesus Cristo, comunica as obras de Deus e a maneira de escutar a sua voz na vida cotidiana. Ao aderir o projeto do Reino, torna-se partícipe da missão do Filho ao inserir os discípulos e discípulas na relação filial com o Pai. Desta maneira, o catequista é o facilitador da inserção na vida eclesial.

A colaboração do catequista na missão de Jesus Cristo é realizada por meio do Espírito Santo. Sendo assim, o catequista atua no magistério de Cristo de três maneiras: como testemunha da fé e guardião da memória de Deus, como mestre e mistagogo e como acompanhador e educador daqueles que lhes são confiados pela Igreja. O ser mestre e mistagogo indica que a missão do catequista consiste em introduzir o catequizando no mistério de Deus, revelado na Páscoa de Cristo. Desta maneira, o catequista desempenha duas tarefas: ser ele o responsável pela transmissão do conteúdo da fé e o condutor do mistério dessa fé[64].

A missão de mestre e mistagogo realiza-se no serviço da catequese e da liturgia. A catequese introduz a pessoa na mistagogia, que possui essencialmente dois indicativos: "a necessária progressividade da experiência formativa na qual intervém toda a comunidade e uma renovada valorização dos sinais litúrgicos da iniciação

> *A missão de mestre e mistagogo realiza-se no serviço da catequese e da liturgia.*

---

64 *Diretório para a Catequese*, n. 113.

cristã"[65]. Por isso, introduzir a pessoa na dinâmica da fé implica uma relação entre comunidade e catequese ao valorizar a liturgia como caminho para a experiência de Deus.

O catequista como mestre na educação da fé e no seguimento de Jesus Cristo acompanha o catequizando na Iniciação à Vida Cristã. Ao passar por um processo de amadurecimento nas diferentes etapas da iniciação cristã, o educador da fé conduz o catequizando, com toda a comunidade eclesial, ao mistério de Deus. Essa condução aos mistérios de Cristo, pela ação do Espírito, é a finalidade da mistagogia:

> [...] a mistagogia traduz-se numa pedagogia própria, isto é, inspirada na pedagogia divina, particularmente na pessoa de Jesus de Nazaré, Mestre e Senhor. Envolve a pessoa desde o processo de inserção na vida cristã até o seu encontro definitivo com o Senhor da vida e da história[66].

O catequizando, junto com o catequista e toda a comunidade eclesial, progridem na fé e no conhecimento, como também na vivência cada vez mais profunda do Evangelho, da participação eucarística e da caridade cristã[67]. Assim, o tempo mistagógico provoca na comunidade eclesial a compreensão da importância da inserção no mistério, que traz consequências, por exemplo, a união dos discípulos com o Mestre e a vivência fraterna entre discípulos e discípulas.

---

65 *Evangelii Gaudium*, n. 166.

66 CARVALHO, H. R.; BARBOSA NETO, J. S *Catequese, liturgia e mistagogia*. São Paulo: Paulus, 2022, p. 92.

67 *Iniciação à Vida Cristã: itinerário para formar discípulos missionários*, n. 173.

A mistagogia tem um lugar especial na liturgia; as celebrações dominicais são o seu lugar primordial[68]. O dia da ressurreição do Senhor, celebrada aos domingos, ajuda a viver um caminho de crescimento progressivo na fé. As celebrações dominicais, ao longo do ano litúrgico, manifestam o mistério de Cristo: "a Igreja tem por função comemorar a obra salvadora de seu divino esposo, em determinados dias, no decurso de cada ano"[69].

O ano litúrgico, com seu ritmo e pedagogia, insere o catequizando a viver o mistério pascal. Assim, o decurso do tempo litúrgico é um caminho espiritual que auxilia o cristão a progredir na santidade e no serviço ao semelhante. Por isso, torna-se propício mencionarmos que o ano litúrgico não proporciona a compreensão de uma ideia, mas a vivência de uma Pessoa, o Filho encarnado, Jesus Cristo[70]. Nesse sentido, a progressão na fé proporciona a compreensão das palavras e obras de Jesus Cristo, manifestadas progressivamente no tempo litúrgico.

> *O decurso do tempo litúrgico é um caminho espiritual que auxilia o cristão a progredir na santidade e no serviço ao semelhante.*

O catequista que educa na fé e na compreensão do mistério pascal é mestre e mistagogo. Toda a liturgia e os sacramento direcionam-se ao Pai, no Filho, pela ação do Espírito. Deus manifesta-se na Pessoa do Filho: "Deus se faz presente na história, por Jesus Cristo, e os ritos

---

68 *Iniciação à Vida Cristã...*, n. 172.

69 *Sacrosanctum Concilium*, n. 102.

70 CARVALHO, H. R. *Liturgia: elementos básicos para a formação dos catequistas*. São Paulo: Paulus, 2018, p. 83.

revivem ou atualizam esse mistério no culto cristão. O culto cristão é a revificação do mistério pascal"[71].

Os educadores da fé, por meio da catequese mistagógica, ajudam os catequizandos a viver o caminho de formação cristã. Essa experiência, como acontecia na antiga tradição da Igreja, acontece no encontro vivo e persuasivo com Jesus Cristo Ressuscitado, anunciado por verdadeiras testemunhas. Essa mesma experiência insere o cristão numa profunda e feliz celebração sacramental, que transforma progressivamente a sua vida, capacitando-o para transformar o mundo[72].

> *A liturgia, com todo seu conjunto de sinais, palavras e ritos, precisa da catequese para extrair o seu significado, para, assim, ser verdadeiramente entendida e vivida.*

A tarefa do catequista como mestre e mistagogo desenvolve-se no serviço da catequese e da liturgia. Por meio da catequese, ele serve ao povo de Deus na educação da fé, e, por meio da liturgia, na celebração da fé. A liturgia, com todo seu conjunto de sinais, palavras e ritos, precisa da catequese para extrair o seu significado, para, assim, ser verdadeiramente entendida e vivida[73]. Desta maneira, a liturgia e a catequese ajudam os cristãos e cristãs, especialmente os catequizandos, a progredir na fé e na vivência do Evangelho.

---

71 PASSOS, J. D.; LOPES SANCHEZ, W. *Dicionário do Concílio Vaticano II*. Op. cit., p. 638.

72 *Documento de Aparecida*, n. 290.

73 *Diretório Nacional de Catequese*, n. 120.

A expressão *lex orandi lex credendi,* a lei da oração é a lei da fé, que preferencialmente dizemos: "oramos como cremos e cremos como oramos", cuja origem é de Próspero de Aquitânia (390-345), evidencia uma catequese genuinamente relacionada com a liturgia e, por isso, mistagógica. Está relacionada intimamente com o mistério. Os Padres da Igreja (primitiva) entendiam que:

> [...] para além dos textos escritos e dos ritos celebrados, existiam significados que deveriam ser desvelados. O mistério, isto é, aquilo que está oculto e precisa ser descoberto pela fé, à medida que se aprofunda, é o componente elementar para o encontro com a verdade e o sentido da vida[74].

A catequese mistagógica permite ao catequizando mergulhar no mistério de Deus a tal ponto de poder antecipar, aqui na terra, a liturgia do céu.

Para refletir e responder

1. O que significa para o catequista ser mestre e mistagogo?
2. Como a liturgia e a catequese ajudam os catequizandos a se inserir no mistério pascal?
3. A catequese mistagógica permite aos catequizandos mergulhar no mistério de Deus a tal ponto de poder antecipar, aqui na terra, a liturgia do céu. Nesse sentido, como você tem realizado os seus encontros de catequese?

---

74 CARVALHO, H. R. *Maria: mãe, catequista e mistagoga.* Aparecida: Santuário, 2023, p. 46.

3.2 Catequista, comprometido com a ética cristã

O catequista discípulo missionário está comprometido com a ética cristã em duplo sentido. O primeiro, de ser testemunha de Jesus Cristo; o segundo, de ser educador da fé. Ser testemunha é a melhor maneira de comprometer-se com a pessoa de Jesus Cristo. Nesse sentido, desempenha a missão do anúncio, em total proximidade com o Mestre: "e constituiu Doze, para que ficassem com Ele, para enviá-los a pregar" (Mc 3,14).

A proximidade com Jesus o leva a caminhar junto, com o Mestre e com os outros. Por isso, os catequistas devem estar próximos uns dos outros, apreendendo a lidar com as limitações e complementar-se com os talentos e qualidades dos outros. O estar juntos inclui toda a comunidade eclesial, isto é, todos os agentes de pastoral; ninguém pode ficar excluído do compromisso missionário na catequese, pois "sem o compromisso da comunidade, como pessoa responsável pela catequese, os catequistas pouco podem realizar"[75].

O compromisso do catequista com a ética cristã, no seu primeiro sentido, implica dar testemunho do Ressuscitado na comunidade, na partilha e no acompanhamento. Os catequistas não anunciam Jesus Cristo de maneira isolada, como também não se realizam fora da comunidade de fé. Os que educam na fé e dão testemunho do Ressuscitado na sociedade e na Igreja sabem que "os discípulos missionários acompanham discípulos missionários"[76].

---

75 *Diretório Nacional de Catequese*, n. 237.

76 *Evangelii Gaudium*, n. 173.

O segundo sentido do compromisso do catequista com a ética cristã passa pela educação da fé. O catequista é o servidor da Palavra, o mensageiro do Salvador e Redentor da humanidade[77]. Neste segundo sentido, ele educa como seguir Jesus Cristo; mostra as implicâncias da vivência comunitária e os frutos do amadurecimento da caridade. O educador da fé vive e transmite a doutrina da Igreja e as implicações decorrentes da fé em Jesus Cristo, na comunidade. Sendo assim, só educa verdadeiramente quem vive aquilo que prega. Em outras palavras: a educação na fé, sem o testemunho, transforma-se em uma falsa moral. Um verdadeiro testemunho provoca inquietação nas pessoas, dada pelo modo de ser do educador: "Por que é que eles são assim? Por que é que eles vivem daquela maneira? O que é – ou quem é – que os inspira? Por que é que eles estão conosco?"[78].

O educador da fé vive e transmite a doutrina da Igreja e as implicações decorrentes da fé em Jesus Cristo, na comunidade.

No duplo comprometimento da fé cristã está a comunidade, tanto no testemunho de Jesus Cristo quanto na educação da fé. A existência de uma verdadeira vida comunitária cristã produz frutos na catequese, tornando-se fonte viva. Por isso, a fé implica uma vivência e não uma teoria; ela é um modo de ser para os catequistas discípulos missionários[79].

---

77 CELAM. *Manual de catequética.* Op. cit., p. 130.
78 *Evangelii Nuntiandi*, n. 21.
79 *Diretório Nacional de Catequese*, n. 52.

A catequese é importante para que os cristãos conheçam a implicância do seguimento de Jesus Cristo na comunidade e para tornar viva as palavras e gestos do Mestre. As tarefas da catequese, nesse sentido, ajudam a tomar consciência sobre o modo de ser dos catequistas ao manifestar a dinâmica da fé que "precisa ser conhecida, celebrada, vivida e cultivada na oração"[80]. Por isso, o comprometimento com a fé cristã passa pelo ensino: do conhecimento da fé, da iniciação litúrgica, da formação moral, da vida de oração, da vida comunitária, do testemunho e da missão[81].

> *O objetivo de toda catequese é fomentar discípulos e discípulas apaixonados pelo seguimento de Jesus Cristo e pela vivência comunitária.*

Uma catequese comprometida com a ética cristã tem como fruto a formação de verdadeiros discípulos missionários comprometidos com o Reino de Deus. O objetivo de toda catequese é fomentar discípulos e discípulas apaixonados pelo seguimento de Jesus Cristo e pela vivência comunitária. Por isso, dentro da dinâmica da catequese não cabe a formação de uma ética cristã intimista e isolada, que ignore o compromisso da fraternidade e da sociedade.

A comunicação da Boa-nova como também a prática da fé na catequese possui na comunidade a sua riqueza. O catequista que vive verdadeiramente seu discipulado e que renova constantemente o seu seguimento de Jesus Cristo considera a comunidade de fiéis reunida na oração e no serviço ao próximo o lugar da prática da ética cristã que

---

80 *Diretório Nacional de Catequese*, n. 53.

81 *Diretório Nacional de Catequese*, n. 53.

convida à vivência da misericórdia: "nessa realidade comunitária, na qual se faz experiência concreta da misericórdia de Deus, é possível o exercício do acolhimento mútuo e do perdão"[82].

O catequista discípulo missionário que vive o ser testemunha de Jesus Cristo e a educação da fé torna-se na sociedade e na comunidade eclesial verdadeiro comunicador da ética cristã. O seu compromisso com o projeto de Jesus Cristo – o Reino de Deus – gera outros discípulos missionários e ajuda a compreender que a ética cristã não se vive e nem tem sustento no individualismo, mas possui a sua fonte na vida comunitária. O catequista comprometido com a ética cristã é um cristão que procura viver a verdade, a justiça e o compromisso social de maneira exemplar, vivendo como "bom cristão e honesto cidadão".

Para refletir e responder

1. Quem são os comprometidos com a ética cristã?

2. Quais são os comprometimentos que a ética cristã exige de um cristão verdadeiramente ético?

3. Como você tem percebido a vivência da ética cristã no meio dos seus irmãos catequistas?

---

82 *Diretório para a Catequese*, n. 133.

3.3 Catequista, interpelado pelos desafios das culturas urbanas

A catequese, no contexto das culturas urbanas, é desafiada por diferentes elementos que a obriga ressignificar a maneira de anunciar o Evangelho e de educar na fé. No dinamismo da cidade encontram-se diversas realidades e situações que a torna rica e complexa. A educação da fé e no seguimento de Jesus Cristo nesse ambiente implica uma grande preparação e profunda espiritualidade por parte do catequista. Os educadores da fé são interpelados a responder os desafios catequéticos nos contextos urbanos, caracterizados pelas múltiplas formas de organização e de culturas, especialmente as grandes metrópoles, e são determinantes para a construção da identidade pessoal, das relações interpessoais e do sentido da vida[83].

O ponto de partida da catequese no contexto urbano é a percepção da presença de Deus nas mais variadas realidades. A cidade, com as culturas que a formam, torna-a um lugar propício para o anúncio do Evangelho. Deus está presente nas cidades e em toda a sua realidade. Faz-se necessário que o catequista identifique "a cidade a partir de um olhar contemplativo, isto é, um olhar de fé que descubra Deus que habita nas suas casas, nas suas ruas, nas suas praças"[84].

No contexto urbano, muitas pessoas esperam encontrar-se com Deus de maneira sincera; buscam uma proximidade com Jesus Cristo para acalmar as exigências da vida que, muitas vezes, é cruel. Essa reali-

---

83 *Diretório para a Catequese*, n. 326.

84 *Evangelii Gaudium*, n. 71.

dade desafia o catequista discípulo missionário a conhecer a sua cidade e história, a cultura e a tradição, a política e a economia. Assim, poderá educar na fé e para o seguimento do Mestre.

A tarefa da educação da fé é complexa e necessita de um diálogo eclesial, como também de um sentido comunitário profundo para responder os desafios urbanos na catequese. Por isso, não se pode pensar numa educação da fé isolada do contexto comunitário ou alienada da realidade das pessoas.

Deus é relação e comunhão; por isso a catequese, nas grandes cidades, está interpelada a educar os catequizandos na capacidade de comunicar-se e criar laços, relação, com a comunidade eclesial.

A relação na educação da fé e no seguimento de Jesus Cristo é um processo que se dá a longo prazo. A catequese acompanha os catequizandos para descobrir a importância da relação. O paradigma na educação da fé que prepara as pessoas para viverem a beleza da arte da relação é Jesus Cristo. O Filho de Deus cria laços com toda a criação, reconciliando consigo toda a realidade, "tudo isto vem de Deus, que nos reconciliou consigo por Cristo e nos confiou o ministério da reconciliação" (2Cor 5,18).

A finalidade de educar para criar laços e relação na catequese exige enraizamento na realidade de cada catequizando. A educação da fé convida a mergulhar no conhecimento da história, da cidade, do bairro, da paróquia; por meio da aproximação da história social e familiar, podemos perceber

> *A finalidade de educar para criar laços e relação na catequese exige enraizamento na realidade de cada catequizando.*

o modo de agir das pessoas e dos grupos. Os educadores da fé, unidos com a comunidade de fiéis, devem buscar uma catequese renovada e evangelizadora que "ilumine os novos modos de se relacionar com Deus, com os outros e com o ambiente, e que suscite os valores fundamentais"[85].

A criação de laços desafia a catequese em vários sentidos. **O primeiro desafio tem relação com a natureza**. A comunhão com a criação provoca a luta contra a limitação do espaço verde e contra uma cultura de consumo que, dentro das cidades, é fomentada pela própria estrutura social. A quase ausência da natureza no contexto urbano ocasiona dificuldade na relação com a natureza e com a sociedade. Disso decorre que "as relações entre as pessoas se tornam amplamente funcionais e as relações com Deus passam por uma acentuada crise, porque falta a mediação da natureza"[86].

O segundo desafio da catequese, na missão de criar laços, passa pela relação com o próprio indivíduo. Nas culturas urbanas, as pessoas são influenciadas a buscar prazeres efêmeros e superficiais. A influência da cidade condiciona os valores morais das pessoas, afetadas pela ciência e tecnologia de maneira rápida e fácil. Cada vez mais a pessoa se conhece menos; constantemente, é interpelada pelo ruído da cidade, formando um indivíduo "consumista, audiovisual, anônimo na massa e desarraigado"[87].

---

85 *Evangelii Gaudium*, n. 74.

86 *Conclusões da Conferência de Santo Domingo*, n. 255.

87 *Conclusões da Conferência de Santo Domingo*, n. 255.

O terceiro desafio apresenta a relação com o semelhante. A cidade muitas vezes fomenta um relacionamento interpessoal de desconfiança, um espaço de grande solidão e de desilusão; um lugar de desprezo e de indiferença[88]. Ante esta realidade, a catequese está chamada a criar fraternidade, solidariedade, diálogo, relação, pontes de encontro com o outro e espaço de convivência com o diferente.

O quarto desafio de relação sublinha o transcendente: Deus. A educação para uma verdadeira intimidade com Deus deve partir dos três desafios anteriores: da relação com a natureza, com o próprio indivíduo e com o semelhante. Assim, o catequista discípulo missionário, à luz da fé e do seguimento de Jesus Cristo, poderá educar na arte da relação fraterna em todas as suas dimensões.

Para refletir e responder

1. Como é o contexto cultural das regiões urbanas?

2. Mencione os dois grandes desafios da catequese no contexto urbano.

3. Como a catequese, na sua comunidade, responde aos desafios culturais das cidades?

---

88 *Diretório para a Catequese*, n. 328.

3.4 Catequista, educador da fé na cultura digital

Os avanços tecnológicos nos últimos tempos causaram grandes mudanças no ritmo social, cultural, político, econômico, educacional e religioso. A cada dia a cultura digital ou cibernética torna-se mais acessível, colocando um mundo de informações à disposição. A comunicação social, por meio da tecnologia digital, está hoje em dia presente na Igreja e na educação da fé. A catequese, dentro dessa nova cultura, está chamada a dialogar com ela como um instrumento de evangelização. A linguagem e a comunicação digitais oferecem oportunidades que facilitam a compreensão dos conteúdos, do anúncio e da educação da fé e colaboram para o bom desenvolvimento do processo de Iniciação à Vida Cristã e na dinâmica dos encontros[89].

A catequese considera os meios de comunicação social ou *mass media* como instrumento a serviço do anúncio do Evangelho. Ela está chamada a dialogar com a cultura digital a fim de proporcionar aos catequistas e catequizandos o amadurecimento no seguimento de Jesus Cristo e na vivência da caridade fraterna. A Igreja, usando de maneira adequada a cultura digital, ao focar sempre o anúncio do Evangelho, poderá potencializar a escuta da Palavra de Deus[90].

A realidade tecnológica e midiática desafia a catequese atual de duas maneiras: na utilização e no diálogo. Considerados elementos a serviço da evangelização, a catequese deve usar a cultura digital como comunicação social porque ela é parte da linguagem da

---

89 MICHELETTI, G. D. *Catequese e evangelização*. Op. cit., p. 121.
90 *Evangelii Nuntiandi*, n. 45.

sociedade contemporânea. As crianças, os jovens e os adultos estão em contato diário com a comunicação midiática, de diferentes maneiras. A não utilização dessa potencialidade implica a recusa da sociedade cibernética, que pode ser um risco: "a internet e as redes sociais criam uma oportunidade extraordinária de diálogo, encontro e intercâmbio entre as pessoas, bem como de acesso à informação e ao conhecimento"[91].

Os catequistas estão chamados a usar este elemento, transformá-lo numa ponte para o Evangelho. Isso é desafiador, principalmente, porque na cultura digital a mensagem tende a ser fragmentada, manipulada e tirada do contexto. Por isso, dialogar com ela implica uma grande preparação, uma espiritualidade profunda e uma esperteza ao usá-la. A arte do diálogo provoca não só conhecer ou saber usar os meios de comunicação social, senão "integrar a mensagem nesta nova cultura, criada pelas modernas comunicações, com novas linguagens, novas técnicas, novas atitudes psicológicas"[92].

> *Na cultura digital a mensagem tende a ser tirada do contexto. Por isso, dialogar com ela implica uma grande preparação, uma espiritualidade profunda e uma esperteza ao usá-la.*

A capacidade de comunicação é uma característica dos seres humanos. Os homens e as mulheres são seres de relação e comunicação. A cultura digital é uma maneira de comunicação social. O surgimento da internet possibilita a inter-relação das pessoas, quebrando tempo

---

91 *Diretório para a Catequese*, n. 360.
92 *Diretório Nacional de Catequese*, n. 169.

e espaço. Embora a cultura digital possibilite o diálogo e o acesso mais facilmente a informações, não substitui o contato pessoal entre as pessoas e nem o contato com livros e materiais físicos.

Os catequistas discípulos missionários ante a cultura da comunicação digital são chamados a educar na fé e no seguimento de Jesus Cristo, usando-a como elemento de evangelização, sempre cientes de que ela, a cultura da comunicação digital, não substitui o contato pessoal do catequista com os catequizandos.

Entre os aspectos positivos da cultura digital, como a comunicação social, estão a recreação e o lazer, o aporte no aumento da capacidade de percepção causado pelo estímulo visual auditivo[93], a facilidade de comunicação e relação e a possibilidade de conhecimento. O *Diretório Nacional de Catequese* diz que a Igreja reconhece a cultura digital como elemento de comunhão entre pessoas e como fator de integração[94].

Uma boa preparação e formação do catequista possibilita a boa utilização deste instrumento na catequese. Por isso, a paróquia deve conscientizar os agentes de pastoral da importância da cultura digital e das consequências que ela produz quando não utilizada de maneira adequada. O diálogo com a pastoral da comunicação pode ser uma forma de ajudar a comunidade eclesial a criar diálogo e relação por meio desta cultura cibernética.

O diálogo entre a pastoral da comunicação social e a catequese fortalece o anúncio do Evangelho. A finalidade dessas pastorais consiste

---

93 *Conclusões da Conferência de Puebla*, n. 1068.

94 *Diretório Nacional de Catequese*, n. 169.

na formação de discípulos missionários, comprometidos com o Reino de Deus. Por isso, deve-se ressaltar alguns pontos para que a catequese e a pastoral da comunicação social ajudem na boa utilização da cultura digital: conhecer e valorizar

> *O diálogo entre a pastoral da comunicação social e a catequese fortalece o anúncio do Evangelho.*

a tecnologia, criar espaços para a formação crítica, educar para a consciência dos valores cristãos, considerar o bem comum.

Os aspectos negativos da cultura digital se expressam nos impactos que ela ocasiona, como a divisão, o ódio, a discriminação e a manipulação social: "deve-se reconhecer, no entanto, que o ambiente digital é também um território de solidão, manipulação, exploração e violência, até chegar ao caso extremo da *dark web*"[95]. A cultura digital pode produzir cultura de intolerância, desumanização e discriminação. Ao navegarmos nas redes sociais ou nos meios jornalísticos digitais percebemos o grande número de pessoas com dificuldade em acolher comentários contrários às suas perspectivas. Por isso, a catequese deve preparar os catequizandos para o diálogo, a tolerância e a relação com o outro, à luz do Evangelho.

A influência negativa dos meios de comunicação digital responde a uma estrutura maior, produzida pelo sistema de poderes políticos e econômicos de manipulação ideológica, que têm a finalidade de fomentar a dependência e a dominação[96]. Este sistema, por meio da comunicação

---

95 *Diretório para a Catequese*, n. 361.
96 *Conclusões da Conferência de Puebla*, n. 1069.

social, transforma-se em "veículos de propaganda do materialismo e do consumismo reinantes, gerando falsas expectativas e o desejo competitivo"[97].

A educação da fé deve preparar as pessoas para transformar este instrumento digital em meio de diálogo e inclusão. O catequista, apresentando o agir das pessoas que seguem Jesus Cristo e a maneira de ser da Igreja na sociedade, prepara futuros discípulos missionários na complexa era da cultura digital: "no processo do anúncio do Evangelho, a verdadeira questão não é como utilizar as novas tecnologias para evangelizar, mas sim como se tornar uma presença evangelizadora no continente digital"[98].

Para refletir e responder

1. Como a cultura digital pode tornar-se instrumento de evangelização?

2. Quais são os aspectos positivos e negativos da influência da comunicação social digital na sociedade e na Igreja?

3. Na sua comunidade, como a catequese tem acompanhado a utilização da cultura cibernética?

---

97 *Diretório Nacional de Catequese*, n. 169.

98 *Diretório para a Catequese*, n. 371.

4

A DIMENSÃO SOCIOTRANSFORMADORA
da catequese, da evangelização e da missão

A dimensão social da fé representa o compromisso concreto com Deus, expresso na realidade do outro; o outro visto na pessoa de Deus e do semelhante. A prática social pode transformar todo ambiente, abrindo espaços para potencializar o cuidado da vida. O catequista discípulo missionário cria caminhos para que os catequizandos percebam a importância do compromisso da fé, o que envolve a opção preferencial pelos pobres, o diálogo ecumênico e interreligioso; o cuidado ecológico e a abertura à dimensão sociopolítica da fé.

A dimensão social da catequese nos apresenta diversos desafios: o catequista não pode viver isolado e fora do seu contexto social. Mas deve agir a exemplo de Jesus, Mestre e Senhor, comprometido com a causa dos que mais precisam, sejam eles quem forem. O Apóstolo Tiago é contundente em suas cartas aos cristãos do seu tempo e que continua válido para os dias atuais: "a fé sem obras é morta" (Tg 2,17).

4.1 Catequista, testemunha da opção da Igreja pelos pobres

A educação da fé expressa sua maturidade na dimensão social do Evangelho, num caminho progressivo e participativo que conduz ao crescimento no conhecimento, no amor e no seguimento de Jesus Cristo. O catequista discípulo missionário vê a dimensão social como o constituinte da sua fé e orienta os catequizandos nesse caminho de real experiência com o Mestre. Nesse itinerário, existe orientações que Jesus Cristo deixa para aqueles que o seguem: o primeiro é seu modo de ser. Ele mesmo se fez pobre, como afirma São Paulo: "com efeito, conheceis a generosidade de nosso Senhor Jesus Cristo, que por causa de vós se fez pobre, embora fosse rico, para vos enriquecer com a sua pobreza" (2Cor 8,9).

Observa-se num primeiro momento que a opção preferencial pelos pobres passa pelo modo de ser de Nosso Senhor Jesus Cristo, pois Ele é pobre. O verbo ser percorre a própria identidade do Mestre. Essa categoria é importante para o catequista porque, ao seguir e imitar Jesus Cristo, também se torna pobre com os pobres. O tornar-se pobre é meio eficaz para a inserção na realidade do outro, daquele que está privado do seu desenvolvimento integral.

Dizer um sim à opção preferencial pelos pobres é percorrer o itinerário de acolhimento de Maria, na sua resposta à Palavra do Senhor, transmitida pelo Anjo Gabriel, "eu sou a serva do Senhor; faça-se em mim segundo tua palavra!" (Lc 1,38). Maria sabe como cuidar do menino Jesus porque conhece a realidade e a necessidade dele. Na sua condição e possibilidade, oferece o melhor como resposta: "completaram-se os dias para o parto, e ela deu à luz seu filho primogênito, envolveu-o com faixas e reclinou-o numa manjedoura, porque não havia um lugar para eles na sala" (Lc 2,6).

O catequista discípulo missionário considera a opção preferencial pelos pobres como um lugar teológico, além de cultural, social, político e/ou filosófico[99]. Ele não considera esses elementos sem a categoria teológica, como também não se reduz no teológico, desconsiderando os outros elementos. A Igreja faz uma opção pelos pobres ao compreender que é uma forma especial da prática da caridade, testemunhada por toda a Tradição da Igreja[100]. Uma Igreja pobre e para os pobres quer dizer: pobre no jeito de ser e comprometida com os pobres. Pobre no jeito de ser significa a simplicidade e austeridade na vida e nas expressões simbólico-rituais. O compromisso com os pobres expressa-se na proximidade física, defesa dos seus direitos e prioridade pastoral[101].

> *A Igreja faz uma opção pelos pobres ao compreender que é uma forma especial da prática da caridade, testemunhada por toda a Tradição da Igreja.*

Os pobres, em sua condição marginal, provocam o repensar do anúncio do Evangelho. O *Diretório para a Catequese* abre perspectivas para a Igreja identificar os catequizandos que se encontram nessa situação, de pessoas que estão próximas à condição de marginalização ou nela vivem. Ante essa realidade, a Igreja se mantém vigilante e pronta para agir, com práticas generosas e promotoras da dignidade humanas. O *Diretório para a Catequese* faz ressoar aos catequistas discípulos

---

99 *Evangelii Gaudium*, n. 198.

100 *Evangelii Gaudium*, n. 198.

101 AQUINO JÚNIOR, F. *Igreja dos pobres.* São Paulo: Paulinas, 2018, p. 9.

missionários que a opção preferencial pelos pobres deve se expressar em uma solicitude religiosa privilegiada e prioritária[102].

Como um catequista deve atuar com pessoas em situação de marginalização? Deve considerar a diversidade de situações, os dilemas de cada um e suas aspirações; com isso, acolhê-las e propor-lhes a beleza do Evangelho. Não há, porém, uma fórmula pronta e fixa aplicável para esta realidade. É de suma importância o conhecimento e a contribuição da comunidade paroquial para a educação da fé deste catequizando.

Para refletir e responder

1. Ao olhar a minha realidade, quais são os rostos dos pobres que observo?

2. Na minha comunidade de fé, quais sãos as pastorais que trabalham diretamente com a promoção humana dos pobres?

3. Como catequista, de que maneira posso contribuir no meu ambiente para não fomentar uma cultura da indiferença?

---

102 *Diretório para a Catequese*, n. 279-280.

4.2 Catequista, respeitador do diálogo ecumênico e do pluralismo religioso

O diálogo ecumênico e o pluralismo religioso encontram-se na dimensão sociotransformadora da fé. O catequista discípulo missionário, para compreender e ensinar sobre o respeito as outras expressões de fé, precisa refletir sobre duas condições importantes: diálogo e unidade. No itinerário formativo, o diálogo e a unidade devem potencializar aquilo que o Papa Francisco ressalta: um serviço a favor do pleno desenvolvimento do ser humano, em benefício do bem comum[103]. A educação para a tolerância com o diferente cria espaço de desenvolvimento humano e constrói pontes para que cada pessoa e comunidade de fé contribuam para a sociedade, para o bem comum.

Importante mencionar que o diálogo e a unidade se realizam com traços particulares. Dependendo da expressão de fé, o caminho de encontro no campo do ecumenismo é distinto do diálogo interreligioso. O primeiro ponto a ressaltar no ecumenismo é a intenção da unidade mencionada por Jesus no Evangelho segundo João, "a fim de que todos sejam um" (Jo 17,21). A Igreja menciona e coloca como objetivo do próprio Concílio Ecumênico Vaticano II a promoção da reintegração de todos os cristãos. No movimento de unidade, chamado ecumenismo, participam todas as pessoas de fé que proclamam o Deus Trino, confessam a fé em Jesus Cristo e ouvem o Evangelho[104].

---

103 *Evangelii Gaudium*, n. 238.
104 *Unitatis Redintegratio*, n. 1.

No diálogo ecumênico, o Espírito Santo atua de maneira eficaz. A Igreja considera que Ele habita ativamente nos fiéis ao encher e orientar a Igreja, criando comunhão entre os fiéis, unindo-os intimamente a Cristo. Tal vem a ser o princípio da unidade. Nesse espírito de comunhão, devem os católicos acolher, com respeito e amor fraterno, os irmãos que professam a sua fé no Deus Trino e confessam a fé em Jesus Cristo[105]. Sendo assim, o reconhecimento do agir do Espírito no diálogo ecumênico não trata só de troca ou recebimento de informações sobre os outros, para conhecimento, mas de acolher o que o próprio Espírito semeou como dom para o bem comum[106].

Nessa abertura para o diálogo, o catequista discípulo missionário precisa ter uma preparação específica para proporcionar espaços de relação entre as pessoas de fé. Mas para isso, ele precisa, antes de tudo, ter uma preparação específica. A inserção na arte do diálogo implica conhecimento da Igreja Católica: seu modo de ser e sua identidade. É importante valorizar, entre outras atividades, a realização da Semana de Oração pela Unidade dos Cristãos, a ser preparada com devida prudência[107].

Para o diálogo interreligioso, a Igreja deverá buscar pontos de convergência, aqueles aspectos em comum que favorecem o diálogo e a fraternidade entre todos. O ponto em comum pode consistir na origem e fim último das coisas, Deus.

> *Para o diálogo interreligioso, a Igreja deverá buscar aspectos em comum que favorecem a fraternidade entre todos.*

---

105 *Unitatis Redintegratio*, n. 2-3.

106 *Evangelii Gaudium*, n. 246.

107 *Diretório Nacional de Catequese*, n. 218.

As perguntas existenciais também unem as religiões, como: O que é ser homem ou mulher? Qual o fim da vida? O que é o bem e o mal? De onde vêm a dor e o sofrimento? Que sentido têm tal coisa? Qual o caminho para a verdadeira felicidade? Que é a morte?[108].

O diálogo e a unidade, no campo do pluralismo religioso, são necessários para a paz na sociedade. Este imperativo é compreendido e difundido pela Igreja. Fundamentalmente, o diálogo deve proporcionar a acolhida e a aceitação do outro na sua condição diferente de ser, de pensar e de se expressar[109].

Para refletir e responder

1. No contexto da sua comunidade paroquial existe pessoas de fé que professam outras religiões?

2. Depois da leitura deste item, qual a diferença entre o diálogo ecumênico e o diálogo (pluralismo) interreligioso?

3. O Brasil é um país com diversas religiões: como o catequista pode criar espaços para o respeito às outras expressões de fé?

---

108 *Nostra Aetate*, n. 1.
109 *Evangelii Gaudium*, n. 250.

4.3 Catequista, promotor da cultura ecológica

A missão do catequista na educação da fé percorre o cuidado com a criação. Esta questão pode ser refletida tendo como referência o Papa Francisco, que sintetiza a preocupação da humanidade com a situação de vulnerabilidade da casa comum. Para percebermos a importância do cuidado da criação, o papa desloca o imaginário popular do ser humano, de ser meramente beneficiário para guardião de outras criaturas[110].

> *A missão do catequista na educação da fé percorre o cuidado com a criação.*

A dimensão social da fé insere a pessoa em seu contexto amplo, dado seu compromisso com o mundo real e além dele. Nesse sentido, o catequista discípulo missionário identifica na criação uma realidade corpórea; sabe que o Criador o uniu, estreitamente, com o mundo que o rodeia. Compreende-se como pessoa de fé, compromissada com a criação.

O desafio do cuidado da criação deve ser pensado em realidade ampla. Cuidadosamente, a *Laudato Si'* identifica o humano na raiz da crise ecológica. Ele, o humano, manifesta um modo desordenado de conceber a vida e o seu agir[111].

Podemos dizer que a criação enfrenta duas crises: por um lado, a crise ambiental; por outro, a crise social. Então, uma única crise, complexa, a crise socioambiental. Disso decorre a necessidade de combate

---

110 *Evangelii Gaudium*, n. 215.

111 *Laudato Si'*, n. 101.

à explosão da natureza, como também à pobreza e esfacelamento da dignidade da pessoa[112]. Nesse contexto, diz o Papa Francisco: tudo está interligado[113]. De outra forma, podemos dizer que estamos na "mesma barca", onde o descomprometimento de um prejudica a todos; ninguém se salva sozinho[114].

O *Diretório para a Catequese* lembra os catequistas da importância do compromisso ecológico; ressalta que o excesso do antropocentrismo já fora mencionado por papas anteriores, como São Paulo VI, São João Paulo II, Bento XVI e Francisco[115]. Ante os desafios, o Diretório propõe uma catequese sensível ao cuidado da criação, à criação de uma cultura sustentada na atenção com o meio ambiente e às pessoas nela inseridas. Isso se traduz na promoção de atitudes de respeito para com todos, a partir de uma correta e responsável concepção ecológica[116].

Podemos destacar três elementos essenciais a serem observados pelos catequistas:

a. a conscientização dos catequizandos sobre a ecologia;

b. o anúncio das verdades da fé implícitas na realidade ambiental, como Deus Criador, o mistério da criação como dom ao ser humano, a correlação e harmonia das realidades criadas, a redenção em Cristo;

---

112 *Laudato Si'*, n. 139.

113 *Laudato Si'*, n. 138.

114 *Fratelli Tutti*, n. 32.

115 *Diretório para a Catequese*, n. 381.

116 *Diretório para a Catequese*, n. 383.

c. o acompanhamento às pessoas na vivência da fé em vista de uma conversão ecológica, manifestada em atitudes concretas.[117].

Para refletir e responder

1. Para inserir-se no cuidado do ambiente da casa comum, o primeiro passo é reconhecer e descrever a realidade ampla onde vivo. Pegue uma caneta ou mentalmente descreva o ambiente na qual você se relaciona: natureza, animais, solo, plantas etc.

2. O cuidado pela criação compõe a formação do catequista: como tenho cuidado do ambiente ecológico onde me interrelaciono?

3. Como posso contribuir com a comunidade paroquial para a promoção do cuidado da casa comum?

---

117 *Diretório para a Catequese*, n. 384.

4.4 Catequista, comprometimento com a dimensão sociopolítica da fé

A educação da fé compreende a dimensão sociopolítica. A Igreja deve dialogar com a política com uma linguagem própria, em vista do desenvolvimento integral do gênero humano. Cabe ao catequista discípulo missionário perceber e compreender esta linguagem, em sintonia com a Igreja. Ao dialogar com o outro, a Igreja conhece e identifica os outros membros e comunidades partícipes da sociedade e, ao mesmo tempo, se conhece na sua maneira própria de dialogar.

> *A Igreja se estrutura com formas aptas para responder a exigências espirituais dos fiéis, enquanto a comunidade política cria relações e instituições para o serviço a todos.*

A Doutrina Social da Igreja (DSI) evidencia alguns elementos importantes na arte do diálogo: a autonomia e independência, por um lado, e a colaboração, pelo outro. Sobre o primeiro aspecto, afirma que a Igreja e a comunidade política, com estruturas organizativas perceptíveis, são de natureza distinta, tanto na sua configuração quanto na sua finalidade. A Igreja se estrutura com formas aptas para responder a exigências espirituais dos fiéis, enquanto a comunidade política cria relações e instituições para o serviço a todos. Sendo assim, a diferença se evidencia na ordem dos fins[118].

---

118 *Compêndio da Doutrina Social da Igreja*, n. 424.

No entanto, a Igreja Católica e a comunidade política não atuam de maneira isolada, ao ponto de excluir-se mutuamente. Entre elas, há um ponto em comum, a missão: o serviço à pessoa e à sociedade. A missão não está voltada para elas, mas para a pessoa, em prol do pleno exercício dos direitos humanos, do cidadão e do cristão, como também, do cumprimento dos respetivos deveres civis[119]. Para que tal colaboração se desenvolva de maneira saudável, há delineamentos de acordos e instrumentos jurídicos, com a finalidade de salvaguardar as relações harmoniosas[120].

A promoção da paz faz parte da evangelização da Igreja. Daí podemos ressaltar a necessidade de construção de pontes para o diálogo. Para a criação de espaços de contribuição para a paz social, a Igreja reconhece não haver soluções para todos os dilemas da sociedade, por isso busca o diálogo com o Estado e a sociedade, unindo forças sociais para potencializar a dignidade da pessoa humana e o bem comum[121].

> *A promoção da paz faz parte da evangelização da Igreja. Daí podemos ressaltar a necessidade de construção de pontes para o diálogo.*

Podemos ainda dizer que a educação da fé, na dimensão socio-transformadora, percorre a caridade social e política. A Carta Encíclica *Fratelli Tutti,* ao refletir sobre o amor político, ressalta que o reconhecimento do semelhante implica na amizade social. Nesse sentido, a

---

119 *Compêndio da Doutrina Social da Igreja*, n. 425.
120 *Compêndio da Doutrina Social da Igreja*, n. 427.
121 *Evangelii Gaudium*, n. 241.

caridade pode ser vivida quando um indivíduo ajuda o seu irmão necessitado; ao gerar processos sociais de união e participação, cria espaços de fraternidade e justiça para todos. A Carta Encíclica convida-nos a valorizar a política como sublime vocação, em vista da caridade e do bem comum[122].

Para refletir e responder

1. A dimensão sociotransformadora da fé compreende o seguimento de Jesus Cristo: como se observa essa dimensão nos encontros de catequese?

2. No ambiente paroquial, como se percebe a importância do diálogo com a comunidade política?

3. No campo da fé, como tenho compreendido a importância do amor político ou caridade social?

---

122 *Fratelli Tutti*, n. 180.

5

EM SINTONIA COM UMA IGREJA
samaritana e misericordiosa

O catequista, plenamente consciente de sua missão profética e em sintonia com a Igreja em saída, insere as pessoas na arte do cuidado samaritano e misericordioso; constrói espaços de reflexão nas relações com o outro, no serviço da diocesaneidade e no projeto de Deus para a humanidade. Ele, entregue ao serviço do Evangelho, está inserido no contexto de uma Igreja tipicamente profética, servidora, samaritana e misericordiosa. A exemplo de Deus, não pode perder de vista esse olhar catequético samaritano e misericordioso para com os seus catequizandos.

Jesus Cristo, o filho unigênito de Deus, se encarna e se torna um de nós por amor e por generosidade. Ele se esvazia de si mesmo e vem ao nosso encontro para fazer-se um de nós (Fl 2,6). A humanidade de Deus faz com que cada catequista se torne por meio de seu ministério, uma pessoa verdadeiramente samaritana e misericordiosa para todos os seus catequizados, inclusive para seus familiares. O catequista, inteiramente mergulhado na proposta de Jesus, torna-se, para toda comunidade e seus catequizandos, sinal visível do amor e da humanidade invisível de Deus.

5.1 Catequista, unido à Igreja em saída

O catequista discípulo missionário encontra-se em sintonia com o projeto de uma Igreja em saída. Ao refletir sobre o processo de formação dos discípulos missionários, busca mergulhar neste universo, certo de responder ao chamado do Senhor. Cinco são os elementos fundamentais a serem observados em sua formação; eles se complementam e se alimentam mutuamente: o encontro com Jesus Cristo, a conversão, o discipulado, a comunhão e a missão. O itinerário de tal processo se concretiza na missão[123].

O catequista deve ter clareza de que o encontro com Jesus Cristo é o ponto de partida para a imersão na fé cristã. Deve buscar, constantemente, este encontro com o Mestre, na sua pessoa e mistério. Sem esta experiência toda atividade catequética perde sentido.

O encontro provoca a conversão, uma mudança interior expressa em atitudes perceptíveis, como a mudança de vida, de pensar, de viver, de sentir[124]. Ela, a conversão, é pessoal. O catequista discípulo missionário, ao tomar consciência da sua participação no anúncio do Evangelho, cresce e amadurece na fé.

> *O catequista discípulo missionário, ao tomar consciência da sua participação no anúncio do Evangelho, cresce e amadurece na fé.*

---

123 *Documento de Aparecida*, n. 278.
124 *Documento de Aparecida*, n. 278.

> *O amor, fundamentalmente, é vivenciado na relação com o outro, que prevê amadurecimento de emoções e conhecimento dos próprios sentimentos.*

O catequista, consciente da sua vocação, deve desenvolver-se como discípulo missionário, no discipulado do Mestre. Entende-se por discipulado o cristão e cristã que amadurece no amor, no conhecimento e seguimento de Jesus[125]. O amor, fundamentalmente, é vivenciado na relação com o outro, que prevê amadurecimento de emoções e conhecimento dos próprios sentimentos.

Naturalmente, o catequista, na vivência da sua fé, insere-se num ambiente de comunhão entre as pessoas, constituindo comunidade. Entende-se por comunidade a família, a paróquia, a comunidade de vida consagrada, a comunidade de base, as pequenas comunidades e movimentos onde o discípulo se torna missionário[126].

O catequista discípulo missionário visa sempre a missão, que é a missão de Cristo[127]. A missão não pode reduzir-se as atividades ou obras na Igreja, mas além dela, na sociedade em geral. Nesse sentido, o catequista vem a ser uma missão: "eu sou uma missão nesta terra, e para isso estou neste mundo"[128].

---

125 *Documento de Aparecida*, n. 278.

126 *Documento de Aparecida*, n. 278.

127 *Documento de Aparecida*, n. 278.

128 *Evangelii Gaudium*, n. 273.

Com base nesses cinco elementos de formação do catequista discípulo missionário podemos pensar numa Igreja em saída, com as portas abertas para o acolhimento, como uma mãe acolhe seu filho. De acordo com o Papa Francisco, podemos, assim, "sair em direção aos outros para chegar às periferias humanas"[129].

Para refletir e responder

1. Na catequese, no contexto paroquial, são observados os cincos aspectos do processo de formação do discípulo missionário?

2. A arte de sair implica preparação e maturidade: como a catequese tem criado espaços na comunidade paroquial para fazer experiência de uma Igreja em saída?

3. Uma Igreja em saída está sempre de portas abertas para o acolhimento do outro. Na catequese, como são acolhidas as pessoas que buscam o Senhor?

---

129 *Evangelii Gaudium*, n. 46.

5.2 Catequista, presença samaritana e misericordiosa na vida da comunidade paroquial

O catequista deve ser expressão do agir samaritano e misericordioso de Deus em sua comunidade paroquial. Este agir pode ser iluminado pela parábola do bom samaritano, narrado no Evangelho de Lucas. Nesta perícope, uma pergunta movimenta a pessoa de fé, interpelando-a para o modo de agir: quem é meu próximo? (Lc 10,29). O cuidado com o outro, na perspectiva misericordiosa samaritana, deve se revelar no agir do catequista. O samaritano foi o único a parar para acolher o outro ferido à beira do caminho (Lc 10,33-35).

Antes, porém, de cuidar do outro e manifestar misericórdia e compaixão, deve ele observar o seu entorno; isso o ajudará a identificar o próximo, perceber o seu contexto e compreender a sua necessidade, o que consiste, nesse sentido, no agir do médico com seu paciente.

Tais atitudes só podem promover a cultura do encontro, contrária à indiferença. O encontro requer a disponibilidade de tempo, de um para o outro. Diz o Papa Francisco, na *Fratelli Tutti*, que o oferecimento do tempo é um bem precioso que uma pessoa pode oferecer a outra, algo muito escasso nos dias de hoje[130]. Doar o tempo é o melhor presente para com o outro porque implica o reconhecimento da presença e dignidade do outro.

O catequista discípulo missionário, ao doar seu tempo, adentra-se na arte do cuidado. O tempo doado já é um indicativo de compaixão. Observemos a narrativa: "certo samaritano em viagem, porém, chegou

---

130 *Fratelli Tutti*, n. 63.

junto dele, viu-o e moveu-se de compaixão. Aproximou-se, cuidou de suas chagas, derramando óleo e vinho, depois o colocou em seu próprio animal, conduziu-o à hospedaria e dispensou-lhe cuidados" (Lc 10,33-34). O caminho apresentado no Evangelho de Lucas oferece um itinerário ao catequista, pois ele é chamado, por vocação, a acolher as pessoas, muitas vezes feridas, na comunidade paroquial, a agir com compaixão, a dialogar e lhe apresentar uma hospedagem, sua própria vida e a vida da comunidade.

Vê-se que a catequese tem um sinal que percorre seu dinamismo, o da misericórdia. O *Diretório para a Catequese* sintetiza o mistério da fé cristã na misericórdia, sinal perceptível na pessoa de Jesus Cristo. O critério da credibilidade da fé, como o ideal da vida evangélica e centro da experiência eclesial, encontra-se na misericórdia. Não existe anúncio de fé fora desse sinal; uma catequese autêntica se expressa na prática da misericórdia, ao ser catequese em ação, feita de gestos e atitudes antes de conceitos e palavras[131]. O catequista discípulo missionário deve considerar a catequese como a realização da obra de misericórdia espiritual. Isso garantirá o conhecimento da sua própria identidade e vocação, como da outra pessoa[132].

> *O catequista discípulo missionário deve considerar a catequese como a realização da obra de misericórdia espiritual.*

---

131 *Diretório para a Catequese*, n. 51.

132 *Diretório para a Catequese*, n. 52.

O catequista, como presença samaritana e misericordiosa, torna-se modelo de caridade pastoral; transmite na dinâmica da vida cotidiana o serviço para com o outro, por meio de gestos concretos de acolhida, ternura, bondade, compreensão, respeito e misericórdia.

A ação misericordiosa e samaritana do catequista deve ser manifestada não somente àqueles que são do seu agrado ou simpatia, mas às pessoas com as quais ele sente um grau de tensão ou confronto, principalmente àquelas que produzem algum tipo de irritabilidade nas relações. O Papa Francisco convida cada pessoa, assim o catequista discípulo missionário, a rezar por aquelas pessoas com quem tem alguma dificuldade no relacionamento. A oração oferecerá um belo passo para o amor[133].

Para refletir e responder

1. Quem são as pessoas próximas a mim? Como tenho falado, cuidado, atuado no momento de relacionar-me com elas?

2. No momento dos encontros catequéticos, os catequistas e catequizandos experimentam a obra de misericórdia que acolhe o outro? Ou a catequese se reduz na aprendizagem de conhecimento e doutrinas?

3. Por que o catequista está chamado a ser Igreja samaritana e misericordiosa?

---

133 *Evangelii Gaudium*, n. 101.

5.3 Catequista, apóstolo da diocesaneidade

O Concílio Vaticano II foi um dos eventos mais importantes da Igreja. Convocado por São João XXIII e concluído por São Paulo VI, o referido Concílio dedicou-se a rever todas as realidades eclesiais, tendo como ponto de partida resgatar a centralidade do mistério pascal de Jesus e sua implicância sobre todos os aspectos da vida da Igreja, inclusive no que se refere à evangelização e à missão. A partir do Concílio, vários temas presentes na tradição da Igreja foram revisitados e redescobertos. O tema sobre a Igreja foi um dos mais importantes. Tamanha importância foi dada à Igreja que os padres conciliares escreveram uma constituição dogmática intitulada *Lumen Gentium,* especificamente sobre a Igreja. Nesse documento, o Concílio apresenta, entre outros aspectos, o novo jeito de ser Igreja para os tempos modernos.

Nessa perspectiva, o conceito diocesaneidade aparece como novo no linguajar teológico-eclesial. O Concílio não tratou especificamente dessa questão, mas possibilitou a sua compreensão quando abordou a questão da Igreja particular, isto é, da diocese. A diocesaneidade é o espírito de pertença e de amor que todo fiel cristão, sobretudo o catequista, desenvolve para com a diocese, o bispo diocesano, os padres e os próprios membros da comunidade paroquial. Esta terminologia, diocesaneidade, se tornará conhecida a partir do Sínodo dos Bispos, em 1990, e oficializada em 1992, com a exortação apostólica pós-sinodal *Pastores Dabo Vobis,* de São João Paulo II[134].

---

134 CARVALHO, H. R.; PEREIRA, E.; COSTA, E. Diocesaneidade, esponsabilidade e incardinação. São Paulo: Paulus, 2020, p. 18-19.

Em se tratando da figura do catequista como discípulo missionário, é natural que seja considerado como apóstolo da diocesaneidade, uma vez que o seu trabalho catequético está a serviço de Deus, da Igreja e do povo, particularmente dos seus catequizandos. A sua missão evangelizadora é realizada a partir da comunidade paroquial em que está inserido:

> [...] a catequese, no contexto da diocesaneidade, proporciona um processo educacional cada vez mais mistagógico, que considera a integralidade do catequizando no interior da experiência de fé. Esta experiência é particular, todavia, adquire consistência e consolida-se como uma espiritualidade madura e atuante quando vivenciada em comunidade[135].

Nenhum catequista evangeliza em nome próprio, mas em nome da Igreja, da sua diocese e da sua paróquia. A evangelização é própria da natureza da Igreja. A Igreja existe para evangelizar.

A diocesaneidade é uma dimensão da Igreja, presente na ação catequética. Quatro são os elementos constitutivos da diocesaneidade: a diocese, o bispo, o presbitério e o povo de Deus constituído na comunidade paroquial. Esses quatro aspectos são característicos:

> [...] de uma catequese cada vez mais correspondente aos anseios da Igreja contemporânea e que favorece a comunhão, a sinodalidade e a missionariedade da própria Igreja. Como diocese, a Igreja particular

---

135 CARVALHO, H. R.; ESPONTON, H. C. A catequese no contexto da diocesaneidade: educar para a comunhão, participação e missão. *Revista de Catequese*, a. 44, n. 158, jul.-dez. 2021, p. 68.

é marcada pela comunhão de vida e ação, amor e missão, que tocam não somente os cristãos entre si, mas também as estruturas eclesiais e administrativas próprias da missão. A relação cordial, fraterna e generosa entre os cristãos estende-se também à relação entre as estruturas formadas pelo bispo, pelos presbíteros e os fiéis cristãos. Toda a estrutura administrativa eclesial é convidada em favor da construção de uma diocesaneidade que seja característica identitária da Igreja evangelizadora[136].

A catequese, compreendida como força evangelizadora e missionária, no contexto da diocesaneidade, torna o catequista, o educador da fé, um apóstolo incansável a serviço do ministério catequético. Faz dele um catequista verdadeiramente mistagogo, tendo a preocupação eclesial de transformar o seu encontro catequético em catequese orante, deixando de lado aquela catequese meramente escolar e doutrinal. Esta nova perspectiva recoloca a Sagrada Escritura no centro da catequese e no coração da ação eclesial, como fonte inspiradora da catequese e da ação pastoral evangelizadora. Na ação de uma catequese verdadeiramente mistagógica, o catequista, o catequizando e os seus familiares poderão experimentar a riqueza do encontro pessoal com Jesus.

O catequista, capaz de substituir uma catequese escolar, conteudista e sacramentalista por uma catequese tipicamente mistagógica, possibilita ao catequizando a sua inserção no mistério de Cristo e da Igreja.

---

136 Ibid., p. 67.

Ajuda-o a se transformar em discípulo missionário, apto a preparar outros evangelizadores para a vivência eclesial, isto é, formar outros missionários. A catequese, verdadeiramente mistagógica, toca o catequizando no seu mais profundo existir, tornando-o um apaixonado por Jesus Cristo, o Filho único de Deus: "assim, este catequizando não desaparece depois da primeira Eucaristia, nem depois da crisma. Ele vai perseverar e vai se engajar na comunidade. Vai permanecer no amor"[137]. O catequista, apóstolo da diocesaneidade, deve compreender que a sua catequese tem uma profunda relação com uma eclesiologia sinodal, que implica uma conversão pastoral em vista de uma igreja ministerial, participativa, comprometida, misericordiosa e samaritana.

Para refletir e responder

1. O que você compreende por diocesaneidade?

2. Como viver a diocesaneidade no âmbito catequético?

3. Como você vive no seu dia a dia a espiritualidade da diocesaneidade?

---

137 BRANDES, O. *Cartilha sobre a iniciação cristã para a Arquidiocese de Londrina-PR.* Apostila, s/d.

5.4 Catequista, com Maria, a serviço do projeto de Deus para a humanidade

A Igreja, após o Concílio Vaticano II (1962-1965), tem se preocupado em substituir uma catequese transmissora de verdades abstratas e conceitos universais por uma catequese mistagógica, isto é, orante. Nesse contexto, ninguém melhor do que Maria, a Mãe de Jesus, para ser modelo de serviço e de catequista para todos os que hoje assumem o ministério da catequese. A catequese, que aprende e educa a partir de Maria, leva em consideração o jeito servidor e samaritano de ser e de viver. É preciso aprender de Maria o jeito tipicamente orante e humano de apresentar Jesus, o seu Filho único e misericordioso. Maria é o modelo de catequista que nos ensina a educar na fé as pessoas que a Igreja coloca em nossas mãos, a fim de levá-las ao encontro pessoal com seu Filho Jesus.

Uma das qualidades mais significativas de Maria, como educadora da fé, é a sua capacidade de abertura a Deus. Maria, a Mãe de Jesus, soube ler, compreender e assimilar nos acontecimentos a ação de Deus em sua vida e na vida das pessoas ao seu redor. Ela, com uma vida inteiramente doada a Deus, foi capaz de ir ao encontro dos que mais precisavam, em suas mais diversas necessidades. Tenhamos em mente a sua dedicação para com Isabel, sua prima (cf. Lc 1,39-45). O evangelista Lucas apresenta Maria como aquela que sabe servir e fazer a vontade de Deus. Maria deixa a sua casa e vai auxiliar a sua prima. É modelo de uma Igreja humana e em saída.

A abertura de Maria ao projeto de Deus, culminando com o seu generoso sim, não está imune de problemas e dificuldades da vida no dia a dia. Maria, a educadora da fé por excelência, passou por momentos difíceis e complicados no decorrer de sua vida. Quantos sofrimentos e problemas ela vivenciou em sua peregrinação nesta terra! O seu sim é resposta de quem confia plenamente na ação de Deus (cf. Lc 1,26-38) e, por isso, deve ser modelo de compromisso a ser assumido por todo catequista, em todas as circunstâncias e realidades da vida cotidiana.

> *O sim de Maria tem de ser o sim de todos nós, no ministério que exercemos na vida paroquial.*

O sim de Maria tem de ser o sim de todos nós, no ministério que exercemos na vida paroquial.

Como educadora da fé, Maria é modelo de uma catequese comprometida com a causa dos que sofrem e mais necessitam de apoio material e espiritual. Maria é modelo para a Igreja que, em sua condição de testemunha do Reino, deve estar sempre ao lado daqueles que estão à margem da sociedade e que tanto necessitam de apoio e proteção. A pobreza vivida por Maria nos inspira a viver de maneira simples, sóbria e desapegados, particularmente dos bens materiais. O Papa Francisco tem instruído a Igreja para essa realidade de pobreza, a ser atenta às necessidades dos mais vulneráveis[138].

A preferência pelos pobres e abandonados é uma prerrogativa de Deus, que sempre se preocupou com os mais necessitados. Em Maria, essa qualidade de Deus é demonstrada quando Ele a escolhe para ser a mãe do seu único Filho. Maria, em sua pequenez, é convidada a participar do plano da salvação, sendo aquela que vai gerar e dar à luz o Filho de Deus. A participação de Maria na história da salvação é sinal visível do amor invisível de Deus pelos pequenos e pobres. Ao tornar-se a

---

138 *Evangelii Gaudium*, n. 48-49.

Mãe do Redentor e Salvador Jesus Cristo, ela representa a humanidade em sua fragilidade: "o Magnificat, ao expressar 'fez em mim grandes coisas', denota o reconhecimento de Maria ao agir salvador e revelador de Deus que se utiliza da fragilidade humana para tocar a história"[139].

A catequese, com Maria, redescobre a centralidade do mistério pascal de Jesus, transformando os encontros de catequese em verdadeiros encontros amorosos e salvíficos. O *Diretório para a Catequese*, promulgado pelo Papa Francisco, dá ênfase a esta verdade, referindo-se à catequese como processo evangelizador:

> Maria coloca em evidência a promoção deste encontro com Deus – ela se abre para o encontro – se faz disponível, se deixa tocar por Deus e seu projeto. Como educadora da fé, a postura de abertura e acolhida do mistério de Deus é de fundamental importância para que a fé cristã se desenvolva de modo autêntico no fiel cristão, particularmente no catequista[140].

Maria, como educadora da fé, é modelo de uma ação catequética mistagógica, isto é, orante, para todo catequista. Maria ensina o catequista a encontrar, amar e permanecer em Jesus.

---

139 CARVALHO, H. R. *Maria: mãe, catequista e mistagoga.* Op. cit., p. 36.
140 Ibid., p. 40.

Para refletir e responder

1. Contemplando a pessoa de Maria como educadora da fé, quais atitudes dela inspiram você na sua ação catequética?

2. Como educadora da fé, Maria é modelo de uma catequese comprometida com a causa dos que sofrem. Quais são as suas atitudes diante dos sofredores e marginalizados?

3. Maria ensina o catequista a bem conduzir o catequizando ao mistério de Jesus e com Ele permanecer. Você tem ensinado o catequizando a amar e permanecer com Jesus?

Considerações finais

A Igreja é, por natureza, essencialmente missionária. O catequista discípulo missionário é chamado e convocado para a missão evangelizadora da Igreja. O livro *Catequista, anunciador da alegria e da esperança do Evangelho* oferece aos catequistas um caminho de crescimento e amadurecimento humano e espiritual que passa e perpassa pelas relações com Deus e com a comunidade de fé. A proposta elaborada traz a imagem de um espiral que parte da pessoa de Jesus Cristo, do encontro pessoal com Ele, modelo e centro da evangelização; seguido do seu apaixonamento e seguimento; continuado na comunidade de fé, a Igreja, como lugar teológico da evangelização e missão.

O catequista discípulo missionário que percorre a proposta deste livro descobre que, para ser Igreja, comunidade de fé, o auxílio do Espírito Santo se torna essencial, pois Ele é a alma da Igreja, animador dos catequistas e motivador da evangelização e da missão. É o Espírito Santo de Deus quem movimenta as pessoas de fé na busca de Jesus Cristo, do seu seguimento e da sua proposta evangelizadora, o Reino de Deus. Quem entra na sintonia do itinerário missionário, deixa-se guiar pelo Espírito Santo na vida e ação da Igreja, sendo um catequista animado e animador na obra evangelizadora; torna-se referência de comunhão e participação na comunidade paroquial, para ser um anunciador da alegria e da esperança do Evangelho.

Ser guiado pelo Espírito Santo no seguimento de Jesus Cristo na vida paroquial, requer a descoberta e a inserção no ritmo da pedagogia divina, no processo de evangelização e missão. O catequista que segue este caminho pedagógico aprende que para anunciar o Evangelho necessita de uma pedagogia própria, a pedagogia divina. Ela possibilita ao catequizando – considerada sua condição biológica, psicológica e social – a compreensão e vivência da proposta de Jesus Cristo. Esta pedagogia convida o catequista a ser mestre e mistagogo a serviço da catequese e da liturgia, comprometido com a ética cristã, interpelado pelos desafios das culturas urbanas e sendo educador da fé na cultura digital.

O catequista que assume esse itinerário, vivencia a dimensão sociotransformadora da catequese, da evangelização e da missão. O compromisso com o bem social e com o cuidado da casa comum manifesta a fé do catequista, tornando-o testemunha da revelação e da bondade de Deus.

O catequista discípulo missionário, seguidor de Jesus Cristo, vive e promove uma Igreja samaritana e misericordiosa, colabora com a missão de uma Igreja em saída. Poderá ele compreender que o seu catequizando e familiares necessitam de uma presença tipicamente cuidadora. O catequista, ao doar o seu tempo e a sua presença, adentra-se na arte do cuidado e da samaritanidade. A presença samaritana e misericordiosa do catequista torna-o modelo da caridade pastoral. Esse modo de ser e de viver na Igreja colabora para que o catequista seja um autêntico apóstolo da diocesaneidade, alguém que ama a sua diocese, que tem carinho e respeito filial para com o seu bispo diocesano, amizade com os padres, capaz de viver em harmonia e unidade com os demais irmãos da comunidade paroquial.

Referências

Documentos

Catecismo da Igreja Católica. São Paulo: Loyola, Paulinas, Ave-Maria, Paulus; Petrópolis: Vozes, 1999.

CELAM. *Manual de catequética*. São Paulo: Paulus, 2007.

CNBB. *Diretório Nacional de Catequese*. Brasília: Edições CNBB, 2006 [Documentos da CNBB, 84].

CNBB. *Diretrizes gerais da ação evangelizadora da Igreja no Brasil*. São Paulo: Paulinas, 2015 [Documentos da CNBB, 102].

CNBB. *Diretrizes gerais da ação evangelizadora do Brasil*. São Paulo: Paulinas, 2011 [Documentos da CNBB, 94].

CNBB. *Iniciação à Vida Cristã*: itinerário para formar discípulos missionários. Brasília: Edições CNBB, 2017 [Documentos da CNBB, 107].

CONCÍLIO VATICANO II. Constituição Dogmática *Dei Verbum* sobre a revelação divina. In: *Vaticano II: Mensagens, discursos e documentos*. 2.ed. São Paulo: Paulinas, 2007.

CONCÍLIO VATICANO II. Constituição Dogmática *Lumem Gentium* sobre a Igreja. In: *Vaticano II: Mensagens, discursos e documentos*. 2.ed. São Paulo: Paulinas, 2007.

CONCÍLIO VATICANO II. Constituição *Sacrosanctum Concilium* sobre a Sagrada Liturgia. In: *Vaticano II: Mensagens, discursos e documentos*. 2.ed. São Paulo: Paulinas, 2007.

CONCÍLIO VATICANO II. Declaração *Nostra Aetate* sobre a relação da Igreja com as religiões não cristãs. In: *Vaticano II: Mensagens, discursos e documentos*. 2.ed. São Paulo: Paulinas, 2007.

CONCÍLIO VATICANO II. Decreto *Unitatis Redintegratio* sobre o ecumenismo. In: *Vaticano II: Mensagens, discursos e documentos*. 2.ed. São Paulo: Paulinas, 2007.

CELAM. *Conclusões da Conferência de Santo Domingo* – Nova evangelização, promoção humana, cultura cristã. 5.ed. São Paulo: Paulinas, 1992.

CELAM. *Conclusões da Conferência de Puebla* – Evangelização no presente e no futuro da América Latina. São Paulo: Paulinas, 1979.

CELAM. *Documento de Aparecida*. Brasília; São Paulo: Edições CNBB; Paulus. Paulinas, 2007.

FRANCISCO. Carta encíclica *Fratelli Tutti* sobre a fraternidade e a amizade social. São Paulo: Paulinas, 2020.

FRANCISCO. Carta encíclica *Laudato Si'* sobre o cuidado da casa comum. São Paulo: Paulus/Loyola, 2015.

FRANCISCO. Exortação apostólica *Evangelii Gaudium* a alegria do Evangelho sobre o anúncio do evangelho no mundo atual. Brasília: Edições CNBB, 2013.

FRANCISCO. Exortação apostólica pós-sinodal *Amoris Laetitia* sobre o amor na família. São Paulo: Loyola, 2016.

PAULO VI. Exortação apostólica *Evangelii Nuntiandi* sobre a evangelização no mundo contemporâneo. São Paulo: Paulinas, 2017.

PONTIFÍCIO CONSELHO "JUSTIÇA E PAZ". *Compêndio da Doutrina Social da Igreja*. São Paulo: Paulinas, 2011.

PONTIFÍCIO CONSELHO PARA A PROMOÇÃO DA NOVA EVANGELIZAÇÃO. *Diretório para a Catequese*. São Paulo: Paulus, 2020.

Outras obras

AQUINO JÚNIOR, F. *Igreja dos pobres*. São Paulo: Paulinas, 2018.

BOFF, L. *A Trindade e a sociedade*. Petrópolis: Vozes, 2014.

BOFF, L. *Igreja: Carisma e poder.* Petrópolis: Vozes, 1984.

BRANDES, O. *Cartilha sobre a iniciação cristã para a Arquidiocese de Londrina-PR.* Apostila, s/d.

CARVALHO, H. R. *Espiritualidade do catequista.* São Paulo: Paulus, 2023.

CARVALHO, H. R. *Maria: mãe, catequista e mistagoga.* Aparecida: Santuário, 2023.

CARVALHO, H. R. *O ministério do catequista:* elementos básicos para a formação. Apelação, Portugal: Paulus, 2023.

CARVALHO, H. R.; BARBOSA NETO, J. S. *Catequese, liturgia e mistagogia.* São Paulo: Paulus, 2022.

CARVALHO, H. R.; ESPONTON, H. C. A catequese no contexto da diocesaneidade: educar para a comunhão, participação e missão. In: *Revista de Catequese,* 44, 158, jul.-dez., 2021.

CARVALHO, H. R.; GIRON, S. R. *Creio:* a profissão de fé explicada aos catequistas. São Paulo: Paulus, 2018.

CARVALHO, H. R.; PEREIRA, E.; COSTA, E. *Diocesaneidade, esponsabilidade e incardinação.* São Paulo: Paulus, 2020.

CARVALHO, H. R.; SILVA, A. W.C. *A catequese como educação da fé.* São Paulo: Paulus, 2021.

CARVALHO, H. R. *Liturgia:* elementos básicos para a formação dos catequistas. São Paulo: Paulus, 2018.

CARVALHO, H. R. *Paróquia missionária:* projeto de evangelização e missão paroquial na cidade. São Paulo: Paulus, 2015.

CONGAR, Y. J. M. *Espírito do homem, Espírito de Deus.* São Paulo: Loyola, 1986.

LOHFINK, G. *Como Jesus queria as comunidades?* A dimensão social da fé cristã. São Paulo: Paulinas, 1986.

MACKENZIE, J. L. *Dicionário Bíblico*. 2. ed. São Paulo: Paulinas, 1983.

MATEOS, J; BARRETO, J. *O Evangelho de São João*: análise linguística e comentário exegético. São Paulo: Paulus, 1999.

MICHELETTI, G. D. *Catequese e evangelização*. Aparecida: Santuário, 2024.

OLIVEIRA, J.L.M. *Viver em comunidade para a missão*: um chamado à Vida Religiosa Consagrada. São Paulo: Paulus, 2013.

PASSOS, J. D.; LOPES SANCHEZ, W. *Dicionário do Concílio Vaticano II*. São Paulo: Paulinas/Paulus, 2015.

SUESS, P. *Dicionário da Evangelii Gaudium*: 50 palavras-chave para uma leitura pastoral. São Paulo: Paulus, 2015.

Conecte-se conosco:

facebook.com/editoravozes

@editoravozes

@editora_vozes

youtube.com/editoravozes

+55 24 2233-9033

www.vozes.com.br

Conheça nossas lojas:
www.livrariavozes.com.br

Belo Horizonte – Brasília – Campinas – Cuiabá – Curitiba
Fortaleza – Juiz de Fora – Petrópolis – Recife – São Paulo

EDITORA VOZES LTDA.
Rua Frei Luís, 100 – Centro – Cep 25689-900 – Petrópolis, RJ
Tel.: (24) 2233-9000 – E-mail: vendas@vozes.com.br